rowohlts monographien
begründet von Kurt Kusenberg
herausgegeben
von Wolfgang Müller und Uwe Naumann

Albrecht Dürer

mit Selbstzeugnissen
und Bilddokumenten
dargestellt von
Franz Winzinger

bildmono ro ro ro graphien

Rowohlt

Dieser Band wurde eigens für «rowohlts monographien» geschrieben
Den Anhang besorgte der Autor
Die Bibliographie wurde 1990 von Anne Hoormann überarbeitet
Herausgeber: Kurt Kusenberg · Redaktion: Beate Möhring
Schlußredaktion: K. A. Eberle
Umschlaggestaltung: Werner Rebhuhn
Vorderseite: Albrecht Dürer, Selbstbildnis (Ausschnitt) 1493.
Paris, Louvre (Fotografie: Giraudon, Paris)
Rückseite: Das Wappen Albrecht Dürers. Holzschnitt, 1523
(Sammlung Franz Winzinger)

Veröffentlicht im Rowohlt Taschenbuch Verlag GmbH,
Reinbek bei Hamburg, Mai 1971

Gesetzt aus der Linotype-Aldus-Buchschrift
und der Palatino (D. Stempel AG)
Satz Otto Gutfreund & Sohn, Darmstadt
Gesamtherstellung Clausen & Bosse, Leck
Printed in Germany
ISBN 3 499 50177 5

14. Auflage Juli 2001

Inhalt

Albrecht Dürer. Ausschnitt aus dem Akt-Selbstbildnis.
Feder und Pinsel. Weimar, Schloßmuseum

VORWORT

Im Werk Albrecht Dürers ist es am anschaulichsten ausgesprochen, was deutsche Kunst, ja, was deutscher Geist überhaupt ist. Dürer hat die Kunst seiner Zeit so nachhaltig geprägt, daß man schon lange nicht mehr von einer «deutschen Renaissance», sondern kurz von der «Kunst der Dürerzeit» spricht. Er selbst hat von seiner Bedeutung gewußt, und er war tief durchdrungen von seiner Sendung, der «Praeceptor Germaniae», der große Lehrer der Deutschen zu sein. Dieses ausgeprägte Selbstbewußtsein gibt jedem seiner Werke eine unerschütterliche Sicherheit.

In unserer Zeit dunkler Bedrohungen, wo so viele Fundamente wanken, mag das Werk Grünewalds im ersten Augenblick tiefer, erregender und aussageträchtiger erscheinen. Aber neben der unüberschaubaren Fülle der meisterlichen Schöpfungen Dürers ist es dem Umfang nach klein und besitzt auch nicht entfernt dessen Spannweite. Dürer ist in seiner Kunst viel reicher und vielfältiger angelegt, mehr dem Leben zugewandt. Er blieb durch alle Jahrhunderte im Gedächtnis der Menschen, und seine Wirkung auf die Künstler und auf die gesamte geistige Welt des Abendlandes hat keinen Augenblick ausgesetzt. Der genial-einseitige Grünewald hingegen war jahrhundertelang völlig vergessen, und sein Leben wird auch heute nur in verschwommenen Umrissen sichtbar.

Das Leben Dürers und sein außerordentlich reiches Werk können in dieser kleinen Schrift nur in Umrissen erfaßt werden. Die wenigen, meist zu kleinen Abbildungen sollen nichts anderes sein als Bildnotizen, die zum Studium der Originale anregen möchten.

Trotz dem geringen Umfang des Büchleins sind die Ergebnisse der gesamten Dürer-Forschung berücksichtigt. Wenn versucht wird, neue Wertungen zu finden, die ein für unsere Zeit verständlicheres Bild der menschlichen Erscheinung Dürers und seines Werkes vermitteln sollen, so stützt sich dieses Unterfangen auf die nahezu lückenlose Kenntnis aller Originale des Meisters.

Als größeres Abbildungswerk, das die Gemälde und die Druckgraphik vollständig enthält, empfiehlt sich Friedrich Winklers Dürer-Band in den «Klassikern der Kunst» (4. Auflage). Alle Zeichnungen des Meisters sind wissenschaftlich bearbeitet und abgebildet in den vier Bänden, die Friedrich Winkler beim Deutschen Verein für Kunstwissenschaft herausgab und die mit [W.] zitiert werden. Die wichtigsten Gemälde Dürers sind farbig reproduziert bei Theodor Musper: «Albrecht Dürer» (Köln 1965). Eine umfassende wissenschaftliche Bearbeitung der Gemälde Dürers wird das Werk von Fedja Anzelewsky darstellen, das in Kürze erscheint. Dürers Graphik, mit Ausnahme der Frühwerke, wurde von Karl-Adolf Knappe: «Dürer. Das graphische Werk» (Wien 1964) dargeboten. Der gesamte schriftliche Nachlaß des Meisters ist von Hans Rupprich 1956 bis 1969 in drei Bänden vorbildlich veröffentlicht worden.

DER MANN UND DAS WERK

Albrecht Dürer kam 1471 zur Welt und starb 1528. Das Jahr 1500, das mit seltsamer Genauigkeit die Schwelle zur Neuzeit angibt, teilt sein Leben in zwei gleiche Hälften, von denen die erste noch ganz im Schoß des ausgehenden Mittelalters ruht. Zwar trennen sich die Epochen der Geschichte niemals in scharfen Einschnitten, da sich allein schon durch die Verflechtung der Generationen Anschauungen und Lebensformen vielschichtig überlagern, aber am Ende des 15. Jahrhunderts zeichnet sich doch ein klarer Wendepunkt ab. Nun, am Ausgang des Mittelalters sind alle Geister in Aufruhr. Es ist, als winde sich das alte, überreife Halbjahrtausend in fiebrigen Todeszuckungen, während sich die Geburt des neuen Zeitalters unter heftigen Wehen ankündigt. In den großen Holzschnitten zur «Geheimen Offenbarung des Johannes» hat Dürer der Erregung der Zeit vollkommenen Ausdruck gegeben.

Die Kirche, die für den mittelalterlichen Menschen die sichtbare Verwirklichung einer von Gott gegebenen Weltordnung und eines im Ablauf der Geschlechter sich erfüllenden Heilsplanes war, ist nun nicht mehr die alleinige Verkünderin der Offenbarung und der ewigen Heilswahrheiten. Der Mensch drängt zu eigener Verantwortung auch Gott gegenüber. Indem er sich zugleich ungestüm der Welt zuwendet, ändert sich auch in der Kunst das Bild dieser Welt. Die idealen Formen der mittelalterlichen Kunst, die vielfach schon zu abgegriffenen, entleerten Formmustern geworden sind, geraten an vielen Orten in einem spätgotischen Manierismus zu letzter, barokker Wucherung. Daneben zeichnet sich ganz unvermittelt ein neuer Realismus ab, dessen Hauptvertreter der junge Dürer ist. Vielfältig befruchtet durch den italienischen Humanismus, vor allem durch die Vorstellungen Platons, kommt es darüber hinaus auch in der Kunst Dürers zur Ausbildung eines neuen Idealismus, der sich manchmal nur schwer gegen höfische Humanistengelehrsamkeit behauptet.

Zugleich brechen aus dem hart gewordenen, zerklüfteten Boden die hellen Quellen eines ganz neuen, lebendigen Naturgefühls hervor. In den Versen des Konrad Celtis, des Hofpoeten Maximilians I., der die vaterländische Dichtung zu neuem Leben erweckt, heißt es: «Mich entzücken die Quellen und die grünen Hügel, die kühlen Ufer des murmelnden Baches, die dichtbelaubten, schattigen Wälder und die üppigen Gefilde.»

Dürer tritt uns lebendig aus seinen Aufzeichnungen, Briefen, Lehrschriften und Dichtungen entgegen.[1]* Viele Freunde und Zeitgenossen sprechen von ihm, aber die wichtigsten und aufschlußreichsten Zeugnisse sind seine eigenen Werke.

Alles an seiner Kunst ist von herber Männlichkeit. In seinem Werk

* Die hochgestellten Ziffern verweisen auf die Anmerkungen S. 143 f.

gibt es nichts Unklares, keine Trübung, keine Täuschung; alles ist eindeutig, durchsichtig, lauter und mit vollendetem Handwerk vorgetragen. Trotz aller Leidenschaftlichkeit, trotz aller virtuosen Behendigkeit wirkt jedes seiner Werke gezügelt, «glühend und streng», wie es der Maler Peter Cornelius einmal genannt hat. Dürers wunderbares Auge hat der Kunst ganz neue Bereiche erschlossen. Es mag sein, daß er, aus der Überschätzung theoretischen Wissens, das die Kunst auf eine ganz neue Grundlage stellen sollte, in seinen lehrhaften Äußerungen manchmal pedantisch und unkünstlerisch wirkt, so daß man den erhobenen Zeigefinger des Schulmeisters zu sehen glaubt. Aber dicht daneben, wenn seine Gesichte stürmisch zur Entbindung drängen, wenn er seiner Vorstellung freien Lauf läßt, ist er einzigartig; dann ist er einer der großen Herrscher im Reich der Phantasie. Selbst da, wo ihm die Gestalten leicht und elegant aus der Feder fließen, ist es nie nur ein Spiel so obenhin; er gibt stets die ganze Fülle des Lebens in gültiger Prägung. Als Zeichner und als Schöpfer neuer Bildvorstellungen ist er oft von einsamer Kühnheit, so daß sich nur Rembrandt mit ihm vergleichen kann. Dieser besaß viele der graphischen Blätter Dürers, nahm manche dürersche Vorstellungen auf oder wandelte sie ab.

Dürer war wissender als die meisten seiner Zeitgenossen, aber er war stets fähig, wie ein Kind zu staunen und sich zu wundern. Er war ein Grübler, ein Sinnierer, manchmal bis zur Verschrobenheit, aber zugleich hat er sich weltoffen und selbstsicher mit den erlauchten Geistern und Mächtigen der Welt auf gleicher Ebene getroffen. Wir wissen von seiner Frömmigkeit und sehen ihn tief erschüttert über den Tod der Eltern. Er glaubt an die schicksalbestimmende Macht der Gestirne, und wir erfahren von abergläubischen Ängsten, die ihn peinigen. Seine Würde gibt sich nie gestelzt, er ist leicht für jeden Scherz zu haben, niemals prüde, stets offen und freigebig. Viele seiner Werke strahlen eine gelöste, fast übermütige Heiterkeit aus, ein Zug, der auch aus den Briefen spricht, die er aus Venedig an seinen Freund Willibald Pirckheimer schrieb. Elegante Kleider und gepflegtes Haar bedeuten ihm viel. Er liebt die Geselligkeit, und aus dem niederländischen Tagebuch erfahren wir, daß er dem Glücksspiel nicht abgeneigt ist, wenn er die Schenke aufsucht. In Venedig nimmt er Tanzunterricht, und daß ihm auch die zierlichen Venezianerinnen nicht gleichgültig waren, verrät eine Stelle in einem Brief an Pirckheimer: *... daz jch phüt werd ... vor den franczosen*[2]*; wan jch weis nix, daz jch jtz vbeller fürcht, wan schir jder man hat sy.* In dem Bildnis der anmutigen Blonden in venezianischem Kostüm in Wien hat er vielleicht eine der geschäftigen «Lacerten» festgehalten.[3] Wie sehr Dürer fähig war, mit allen Sinnen die pralle, animalische Pracht des Weiblichen aufzunehmen, das verraten seine großartigen Zeichnungen einer windischen Bäuerin, der *vilana vindisch* [W. 371, ehemals Rotterdam; W. 375, London].

Dürers zahlreiche Selbstbildnisse geben eine lebendige Vorstellung von seiner äußeren Erscheinung, angefangen von der unvergleich-

Selbstbildnis des dreizehnjährigen Knaben, 1484. Silberstift. Wien, Albertina

lichen Silberstiftzeichnung des Dreizehnjährigen (s. S. 10) in Wien. Dazu gibt es als einzige Beschreibung eines Zeitgenossen die viel zu wenig bekannte Schilderung in lateinischer Sprache, die der Nürnberger Rektor Camerarius, der die lateinische Ausgabe der Proportionslehre Dürers betreute, verfaßt hatte. Aus seinen Worten spürt man die Faszination, die von Dürer ausging:

«Die Natur hatte ihm einen in Maß und Gestalt wohlgebildeten Körper verliehen, würdig des edlen Geistes, der in ihm war . . . Sein Kopf war ausdrucksvoll, die Augen strahlend, die Nase wohlgeformt und nach einem griechischen Wort τετςαγωυσυ [viereckig, also Hakennase]. Er hatte einen schlanken Hals, eine breite Brust, keinen Bauch, sehnige Schenkel und einen sicheren Schritt. Keiner hat wohl je edler geformte Hände gesehen. Im Gespräch zeigte er so viel Liebenswürdigkeit und Humor, daß keiner je wünschte, er möge aufhören. Er hatte zwar nicht studiert, aber sich dennoch fast alles angeeignet, was in den Wissenschaften überliefert ist, vor allem in den Naturwissenschaften und der Mathematik. Er hatte nicht nur Einblick in schwierige Probleme und konnte sich mit ihnen auseinandersetzen, sondern er vermochte sie auch in der Unterhaltung einleuchtend darzulegen. Das bezeugen seine Schriften über die Geometrie . . . Er zeigte aber keine düstere Strenge oder fanatischen Ernst, sondern verschmähte sein ganzes Leben lang nichts, was Heiterkeit und Freude bringen konnte, wenn es sich mit seinem edlen und gerechten Sinn vereinbaren ließ . . .»

Melanchthon, dessen Bildnis Dürer zwei Jahre vor seinem eigenen Tod in Kupfer stach, meinte von ihm: «Ein weiser Mann, an dem die künstlerische Begabung, so hervorragend sie auch war, noch das mindeste gewesen ist.»

Es gibt keine unverrückbaren Vorstellungen von der Kunst Dürers. Jede Generation muß sie sich neu schaffen. Es gibt einen «klassischen Dürer», den Wölfflin so unvergleichlich sichtbar machte. Uns stehen die expressiven Züge seiner Kunst näher. Das Eindringen in die Welt seiner Bilder, besonders in die seiner Kupferstiche, fordert vom Betrachter eine angespannte innere Sammlung, für die unsere Zeit nur wenig gerüstet ist. Um sein gewaltiges Werk zu überschauen, bedarf es der Bemühung eines ganzen Lebens. Es gibt heute noch etwa hundertzwanzig Gemälde von seiner Hand, dazu ungefähr dreihundertfünfzig Holzschnitte und hundert Kupferstiche, die vor allem seinen Ruhm begründeten. Außerdem haben sich mehr als zwölfhundert meisterliche Zeichnungen erhalten, in denen er sich ganz unmittelbar ausspricht und die wohl den wertvollsten Teil seines Gesamtwerkes ausmachen. Sie gehören zu den ganz großen Besitztümern der abendländischen Kunst.

Wie Leonardo da Vinci geht es Dürer in seiner Kunst zuerst um eine völlige Bewältigung des Wirklichen. Jede subjektive Ausformung, alles «Handschriftliche», das der moderne Betrachter so sehr schätzt, bedeutet für ihn eine Minderung. *Item dw solt wissen, je genewer* (genauer) *man der natur vnd dem lewen* (Leben) *mit abmachen nach kumt* (nachkommt), *je pesser vnd künstlicher dein werck würt.* Man glaubt etwas vom Geist Leonardos zu spüren, wenn Dürer einmal schreibt, daß die Messung des Erdreichs, der Gewässer und der Sterne verständlich geworden sei durch die Arbeit des Künstlers.

Da alle Erscheinung sich nur im flüchtigen Wechsel darbietet, es also keine absolute Wirklichkeit geben kann, am wenigsten in der Kunst, so erscheint auch im Werk Dürers alle Realität durch seinen Geist gefiltert. Alle Bemühung läuft deshalb auf eine Stilisierung hinaus, auf eine Art realistischen Idealismus. Sein Umwerben des Wirklichen läßt oft kaum mehr einen Spielraum für das Zwischenreich schwebender Empfindungen, die erst in der ungefähren Umschreibung der Dinge zu sprechen beginnen. Gerade dort, wo es ihn zu einer endgültigen Aussage hindrängt, wie in manchen seiner weitgetriebenen Helldunkelzeichnungen, erstarren manchmal die Formen in einer kalten Pracht. Aber unmittelbar daneben, etwa in seinen Holzschnitten zur *Geheimen Offenbarung*, ist er ganz Visionär. Er spricht gelegentlich von seinen Traumbildern. Eine solche nächtliche Erscheinung hat er sogar einmal in einer Wasserfarbenskizze festgehalten, die wie die Vorahnung einer nuklearen Explosion wirkt [W. 944].

Trotz der unbedingten Hingabe an das Wirkliche schafft der Künstler vor allem aus seiner inneren Erfahrung: *Darauß wirdet der versammlet heymlich schatz des hertzen offenbar durch das werck vnnd die newe creatur, die einer in seinem hertzen schöpfft inn der gestalt eins dings . . . Dan ein guter maler ist jndwendig voller vigur vnd obs müglich wer, daz er ewiglich lebte, so het er aws den jnneren ideen, do van Plato schreibt, albeg etwas news durch die werck aws tzwgissen.* Alles Schöpferische kommt zuletzt *von den öberen Eingiessungen.* Künstlerschaft ist also für ihn Gottesgnadentum, und nicht zuletzt deshalb soll die Kunst auch im Dienst des Glaubens stehen:

Dan durch malen mag angetzeigt werden das leiden Christi vnd würt geprawcht jm dinst der kirchen. Awch behelt daz gemell dy gestalt der menschen nach jrem sterben. Neben der Passion Christi ist es also die vorzüglichste Aufgabe der Kunst, das Bildnis des Menschen vor der ewigen Nacht des Nichts zu bewahren.

Dürer erlebt die Erscheinung am vollkommensten in der greifbaren Begrenzung des Plastischen. Er will die Dinge bis zur Augentäuschung körperhaft wiedergeben: *So du erhaben* (plastisch) *willt mollen, so es daz gesicht betrigen* (betrügen) *söll.* Manche seiner Gemälde wirken deshalb wie gemalte Skulpturen, und man hat schon ein wenig oberflächlich behauptet, Dürer sei kein Maler gewesen. Das mag insofern zutreffen, als er in seinen Bildern meist nicht zuerst von der Farbe ausgeht. Dort aber, wo er ganz frei mit dem Pinsel arbeitet, etwa in seinen Aquarellen der ersten italienischen

Reise oder in den mächtigen Tafelbildern mit dem *Rosenkranzfest* und *Adam und Eva*, ist er mit allen Sinnen Maler.

Trotzdem bleibt Dürers wichtigstes künstlerisches Ausdrucksmittel die Linie, und deshalb spricht er sich auch in seinen Zeichnungen am bedeutungsvollsten aus. Die Linie hat bei ihm dabei eine doppelte Aufgabe. Sie gibt einerseits die genaue Begrenzung und Umschreibung der Dinge, besitzt aber daneben eine ganz eigene, unabhängige Schönheit. Nicht selten ist sie wie aufgeladen mit Spannung, mit einer Dynamik, in der, wie in einem empfindlichen Seismogramm, die Schwingungen seines Innern sichtbar werden.

Auch seine oft nur vage andeutenden, in fliegender Hast hingeschriebenen Skizzen können nicht darüber hinwegtäuschen, daß es ihm nicht etwa um Impressionen geht, sondern stets um das Dauernde, das sich hinter dem Schein der Welt verbirgt. Nach seiner Meinung ist es die hervorragendste Aufgabe des Künstlers, in seinem Werk das vollkommen Schöne, das zugleich der Abglanz des Göttlichen ist, sichtbar zu machen: *Das Schöne, das uns gegeben wird, müssen wir herausziehen.*

Man muß sich stets vor Augen halten, daß der mittelalterliche Künstler ein Handwerker ist. Obwohl die Malerei in Nürnberg als «Freie Kunst» nicht an eine Zunft gebunden war, blieb die Bewegungsfreiheit der Künstler doch sehr stark eingeschränkt. Die Vorstellung von geistiger Unabhängigkeit, die wir mit der Arbeit des Künstlers verbinden, war der Zeit noch völlig fremd. In den großen, vielteiligen Altären war nicht nur das Gesamtprogramm, sondern auch der Inhalt der Darstellungen meist bis in alle Einzelheiten vorgeschrieben. Selbst ein so überragender Meister wie Grünewald mußte sich im Isenheimer Altar an ein genau festgelegtes theologisches Programm halten.

Gegen die strenge Bindung an die überkommene Werkstatt-Tradition, die sich nur auf den alten Formbesitz stützt, wendet sich Dürer leidenschaftlich. *Das müsse ein gar spröder Verstand sein, der sich nicht traut auch etwas weiteres zu erfinden, sondern liegt allwegen auf der alten Bahn, nur andere imitiert und nicht den Mut hat weiter nachzudenken.*

Dürer kam aus einem kleinen Handwerkerhaus. Er mußte sich sein ganzes Leben lang abrackern, um es zu einem bescheidenen Wohlstand zu bringen. Aufschlußreich dafür ist das Tagebuch der niederländischen Reise, denn es ist über weite Strecken hinweg fast nur ein Einnahme- und Ausgabenbuch, in dem er buchstäblich «jeden Pfennig» genau aufführt.

Alles drängte bei Dürer zur großen Form, aber er konnte keine großen Gemäldeaufträge übernehmen, weil sie ihm nicht genug einbrachten. Seine Frau mußte auf den Märkten und Messen seine graphischen Blätter feilbieten, und die zweite Italien-Reise konnte er nur ausführen, weil ihm sein Freund Willibald Pirckheimer das Geld vorstreckte.

Auch während der niederländischen Reise, wo er doch bereits ein weltberühmter Mann war, mußte er gegen einen Schuldschein 100 Gulden aufnehmen, weil ihm das Geld ausging.

Nürnberg gehörte damals ohne Zweifel zu den führenden Städten Deutschlands, aber man darf sich nicht täuschen über die bedrückende geistige Enge einer solchen Stadt in dieser Zeit. Man versteht Dürer, wenn er an Pirckheimer schreibt: *Jch pynn ein zentilam zw Fenedig worden* – also ein «Gentiluomo» oder vornehmer Herr. Und im letzten Brief, in dem er seine Rückreise nach Nürnberg ankündigt, bricht es aus ihm hervor:

O wy wirt mich noch der sunen friren (nach der Sonne frieren). *Hy pin jch ein her, doheim ein schmarotzer ...*

Für Dürers Stellung zu seiner Vaterstadt ist ein Gesuch, das er im Herbst 1524 an den Bürgermeister und den Rat der Stadt Nürnberg richtete, besonders aufschlußreich. Er bittet, 1000 Gulden als Darlehen anzunehmen und ihm hierfür einen Jahreszins von 50 Gulden zu gewähren. Zugleich weist er darauf hin, wie *gehorsam, willig vnd geflissen* er sich der Stadt gegenüber stets gezeigt habe, *wo sy meiner hilff, kunst vnd arbeit bedürft, mer vm sunst dan vm gelt gedint.* In den dreißig Jahren, da er zu Hause gesessen sei, habe er nicht um 500 Gulden Arbeit gehabt, wovon höchstens ein Fünftel Reingewinn gewesen sei. Sein ärmliches Besitztum habe er von Fürsten, Herren und anderen Personen sauer genug verdient, und all dieses Geld habe er in dieser Stadt verzehrt. Er führt an, daß ihn Kaiser Maximilian aus eigenem Antrieb, wegen der vielfältig geleisteten Dienste, steuerfrei machen wollte, aber der Rat habe ihn veranlaßt – um die alten Rechte zu wahren –, gutwillig davon abzustehen. Vor neunzehn Jahren habe ihn die Herrschaft in Venedig festhalten wollen und ihm dafür jährlich 200 Dukaten Provision zugesagt. Auch der Rat zu Antwerpen wollte ihm erst kürzlich jährlich 300 Philipps-Gulden Besoldung geben, ihm dazu ein wohlerbautes Haus verehren und ihn steuerfrei setzen. Bei beiden Angeboten sollte außerdem alles gesondert entlohnt werden, was er für die Herrschaften zu machen hätte. Aus Liebe und Neigung zum Rat und zu der ehrbaren Stadt, *als meinem Vatterlant,* habe er die Anträge abgelehnt und vorgezogen, hier in bescheidenen Verhältnissen zu leben, als an anderen Orten reich und groß gehalten zu werden.[4]

Dürer hat sein ganzes Leben lang darum gerungen, dem Künstler jenes Ansehen zu verschaffen, das er bei den italienischen Malern erlebt hatte. Mit seinen theoretischen Schriften wollte er die Kunst auf eine höhere, geistige Grundlage stellen und damit aus der rein handwerklichen Bindung lösen. Besonders aufschlußreich sind dafür die Bruchstücke zu dem von ihm geplanten «Malerbuch», in dem er in der Vorrede sich ausführlich mit der sorgfältigen Erziehung der Malerknaben befaßt. Dürer war von seiner Aufgabe durchdrungen, und das gibt nicht zuletzt jedem seiner Werke und jeder seiner schriftlichen Äußerungen einen hohen sittlichen Ernst und eine fast feierliche Würde.

Meisterwerke der Kunst sind nie das Ergebnis einer anonymen Stilentwicklung, sondern in erster Linie Schöpfungen der großen Künstler. Sosehr diese vom Herkommen und von den geistigen Strömungen der Zeit getragen sein mögen, so ist es doch bei den führenden Meistern vor allem eine ganz ursprüngliche Schöpferkraft, die jedem Werk das entscheidende Gepräge gibt. In diesem spiegeln sich also nicht nur Zeit und Umwelt, sondern in erregender Weise wird dabei zugleich das innere Wachstum eines Künstlers sichtbar, das den äußeren Lebensablauf begleitet. Wir erfahren schon viel über das Werk eines Meisters, wenn wir diese äußeren Umstände seines Lebens kennen.

DIE LEBENSGESCHICHTE

Albrecht Dürer kam am 21. Mai 1471 in Nürnberg zur Welt als Sohn des Goldschmieds Albrecht Dürer des Älteren (1427–1502) in einem schmalen Hinterhaus, das an das große Haus der berühmten und reichen Patrizierfamilie Pirckheimer angebaut und an Kunsthandwerker vermietet worden war. Albrecht war das dritte Kind seiner Mutter Barbara, die bei seiner Geburt erst neunzehn Jahre alt war. Der Vater dagegen zählte schon etwa vierundvierzig Jahre. Er war also mehr als doppelt so alt wie seine jugendliche Frau, die noch sechzehn weiteren Kindern das Leben schenkte, von denen nur Albrechts Brüder Andreas und Hans am Leben blieben.

In der engen Stube des Goldschmiedes, der – wie der Sohn schreibt – *sein leben mit großer mühe und schwerer harter arbeit zugebracht,* ging also der Tod aus und ein. Das muß das Gemüt des empfindsamen Knaben entscheidend mitgeformt haben.

In der Familienchronik, die Dürer 1524 aus den nachgelassenen Aufzeichnungen seines Vaters zusammentrug, berichtet er, daß der Vater *auß seim geschlecht geboren im königreich zu Hungern, nit ferr von einen kleinen stättlein, genant Jula, acht meil wegs weit unter Wardein, auß ein dörfflein zu negst darbej gelegen, mit namen Eütas, und sein geschlecht haben sich genehrt der ochsen und pferdt.*

Die Vorfahren waren also Viehzüchter in Ungarn gewesen, aber schon der Großvater Dürers, Anthoni, hatte das Goldschmiedehandwerk erlernt, und auch sein Sohn, der Vater Dürers, *ein künstlicher, rainer mann,* wurde in dieser Kunst unterwiesen. Bevor er 1455 nach Nürnberg kam, war er *lang in Niederland gewest bej den großen künstern.* Die folgenden zwölf Jahre diente er dann in Nürnberg seinem Meister Hieronymus Holper, der darauf dem tüchtigen Gesellen seine fünfzehnjährige Tochter Barbara zur Frau und gleichzeitig das Geschäft übergab. Von dem Vater ist keine einzige Arbeit bekannt. Er muß ein tüchtiger Künstler gewesen sein, da er 1489 für Kaiser Friedrich III. arbeiten durfte und drei Jahre später von diesem in Linz empfangen wurde.

Man hat aus der Herkunft des Vaters auf eine magyarische Abstammung Dürers geschlossen und etwa in dem rassigen Antlitz auf der Medaille, die Hans Schwarz 1518 von Dürer fertigte, dafür eine Bestätigung finden wollen.[5] Aber die anderen Bildnisse, und vor allen Dingen die überaus getreuen, die seinen Vater wiedergeben, verraten nichts von einer solchen Abstammung.[6] Dürer, der sich so redselig in seinem Gedenkbuch über seine Lebensverhältnisse ausließ, hat die angebliche magyarische Abstammung mit keiner Silbe erwähnt. Es ist bekannt, daß der ganze Osten Europas damals von Deutschen durchsetzt war, die meistens eine gehobene Stellung einnahmen oder kunstreiche Handwerke ausführten.

So war ein Bruder des Vaters Pfarrer gewesen, ein anderer Zaummacher. Der Familienname könnte sich zwar von dem ungarischen Städtchen «Ajtos» herleiten, da dies soviel wie «Türe» bedeutet, die Dürer ja auch in seinem Wappen führte. Aber Dürer hat niemals die ungarische Form des Namens verwendet. Auch alle angeführten Taufnamen der Familie – einschließlich «Laßlen», wie der Bruder seines Vaters hieß – sind deutsch. Es handelt sich also um deutsche Siedler, von denen der Vater Dürers und sein Vetter Niklas wieder in die Heimat zurückkehrten. Wäre der Vater ein «Zugereister» ungarischen Geblüts gewesen, so hätten er und später der Sohn niemals in angesehene Nürnberger Familien einheiraten können.

Mit einem Teil der Erbschaft, die er von seinem Schwiegervater erhielt, erwarb der Vater Dürers am 12. Mai 1475 um 200 Gulden und eine Dauerhypothek von 100 Gulden das Haus des Goldschmieds Kraft in der heutigen Burggasse. Diese Hypothek konnte Albrecht Dürer 1506, aus dem Gewinn der zweiten venezianischen Reise, ablösen. Das Haus stand gleich neben der großen Malerwerkstatt des Michael Wolgemut und der Druckerei des Anton Koberger, die wohl das bedeutendste Unternehmen dieser Art in ganz Europa war. Einer der nächsten Nachbarn war auch der Humanist Hartmann Schedel, dessen berühmte «Weltchronik» bei Koberger gedruckt wurde.

Dürers beide Großväter sowie sein Vater waren Goldschmiede gewesen. Auch sein Vetter Niklas in Köln, den er 1520 auf der Reise in die Niederlande besuchte, war Goldschmied und von Dürers Vater ausgebildet worden, ebenso sein eigener Bruder Andreas. Da war es eigentlich selbstverständlich, daß der Vater auch seinem hochbegabten ältesten Sohn das kunstreiche Handwerk, das nun schon so lange in der Familie betrieben wurde, beibringen wollte.

Dürer schreibt selbst mit Stolz, daß der Vater an ihm *Gefallen* hatte, *da er sahe, daß ich fleißig in der übung zu lernen was. Darumb ließ mich mein vater in die schull gehen, und da ich schreiben und lessen gelernet, namb er mich wider aus der schull und lernet mich das goltschmid handtwerckh.* Ein wesentlicher Teil der Arbeit der Goldschmiede bestand in der Gravierung der Metalle mit dem Stichel. Dort also, beim Vater, hatte er das Stechen gelernt, das er später mit einer Vollkommenheit betrieb, die niemals von irgend-

Bildnis des Vaters. Gemälde, 1497. London, National Gallery

einem anderen Künstler erreicht, geschweige denn übertroffen wurde.

Es ist klar, daß sich Dürer schon als Kind ständig in der Werkstatt des Vaters herumgetrieben und dort vor allen Dingen viel gezeichnet hatte. Schon bald legte er außerordentliche Proben seiner Begabung ab. So besaß der bayerische Kurfürst ein Selbstbildnis des Achtjährigen, das bei einem Residenzbrand in München in Flammen aufging. Das erste erhaltene Zeugnis seiner frühreifen Genialität ist das wunderbare Silberstift-Selbstbildnis des dreizehnjährigen Knaben in Wien, das er bereits vor seiner Ausbildung als Goldschmied gezeichnet hatte. Er hat es später selbst mit der Feder beschriftet:

Daz hab jch aws eim spigell nach mir selbs kunterfet jm 1484 jar, do ich noch ein kint was. Albrecht Dürer.

Es gibt kein vergleichbares Selbstbildnis in der gesamten deutschen Kunst aus dieser frühen Zeit. Obwohl die Zeichnung in manchen Zügen noch gotisch befangen wirkt, überschreitet der Knabe damit die Schwelle des Zeitalters. Die Art, wie er mit langem Zeigefinger auf sein Bild im Spiegel hindeutet, ist gleich aufschlußreich für seine kindliche Naivität wie für sein starkes Selbstbewußtsein. Das so früh geprägte Gesicht ist erfüllt von dem Staunen vor der neuentdeckten Welt, und zugleich verrät es etwas von der ungestümen Kraft, die in diesem Menschen angelegt war. In den freien, schönbewegten Locken offenbart sich von Anfang an der unnachahmliche Schwung der dürerschen Linie. In der rührend-schlichten Zeichnung, die zu den großen Dokumenten der deutschen Geistesgeschichte gehört, ist Dürer schon ganz gegenwärtig. Da ist nichts Angelerntes. Das Blatt gibt sich so selbstverständlich wie ein Stück gewachsene Natur.

Nachdem Albrecht fast zwei Jahre lang bei seinem Vater in der Lehre war, fiel es ihm plötzlich ein, daß er eigentlich Maler werden müsse. Er schreibt: *Und da ich nun seüberlich arbeiten kund, trug mich mein lust mehr zu der mallerei dan zum goltschmidwerckh. Daß hielt ich mein vatter für. Aber er was nit woll zu frieden, dann jhn reuet die verlorne zeit, die ich mit goltschmid lehr hete zugebracht. Doch ließ er mirs nach, und da man zehlt nach Christi geburth 1486 an St. Endres tag, versprach mich mein vater in die lehr jahr zu Michael Wohlgemuth, drei jahr lang jhm zu dienen.* Damit stand dem Knaben nochmals eine jahrelange harte Plackerei als Lernknabe mit untergeordneter, oft schmutziger und anstrengender Handreichung bevor. Dürer berichtet selbst, daß er in seiner Lehrzeit von den Gesellen habe viel leiden müssen. Sie witterten natürlich das Genie des Knaben.

Der Maler Michael Wolgemut (1434–1519), zu dem er am 30. November 1486 in die Lehre kam, unterhielt dicht neben dem Haus Dürers eine große Werkstatt, in der mächtige Altäre mit gefaßtem Schnitzwerk und gemalten Altarflügeln hergestellt wurden. Die neueste Forschung hat gezeigt, daß in den siebziger Jahren Wolgemut schon mit einem anderen überragenden Genie dieser Tage, mit Veit Stoß, dem großen deutschen Bildschnitzer, zusammenarbeitete.[7]

Die Malerei, die in der Werkstatt Wolgemuts betrieben wurde, stand unter dem beherrschenden Einfluß der realistischen Kunst der altniederländischen Meister. Vor allem war es das Werk des Rogier van der Weyden, von dem eine starke, stilbildende Kraft ausging. Dessen Typen waren aber schon längst zur abgegriffenen, allzu gängigen Münze geworden. Die weitgehend verbrauchten Formen der späten Gotik, die auch die Arbeiten der Wolgemut-Werkstatt kennzeichnen, sind der Ausdruck einer kleinbürgerlich beschränkten Welt, die Dürer von Anfang an mit aller Macht überwinden wollte.

Viel wichtiger für ihn war es, daß in der Werkstatt Wolgemuts Tausende von Holzstöcken gezeichnet und geschnitten wurden, vor allem für den mächtig aufblühenden Verlag des Anton Koberger, der der Taufpate Albrecht Dürers war. In dessen Druckerei arbeiteten an 24 Druckpressen über hundert Gesellen.

Dort entstanden die großformatigen Holzschnitte zu dem «Schatzbehalter» des Pater Stephan Fridolin, die Wilhelm Pleydenwurff, der Stiefsohn Michael Wolgemuts, entworfen hatte. Der «Schatzbehalter» erschien 1491, nur kurze Zeit vor der «Weltchronik» des Hartmann Schedel (1493), einem Riesenwerk, das mit fast zweitausend Holzschnitten ausgestattet war und eine umfassende Geschichte seit der Erschaffung der Welt darstellte. Ein Teil der Holzschnitte hatte das bis dahin unerhörte Format von 34×27 cm, und es ist klar, daß die umfangreichen Werke eine jahrelange Vorbereitung erforderten. Wahrscheinlich wurde ein Teil der Holzstöcke bereits in der Zeit gezeichnet, als Dürer noch in der Werkstatt tätig war. Es wäre verwunderlich, wenn der geschäftstüchtige Verleger die außergewöhnliche zeichnerische Begabung des jungen Dürer nicht ausgenützt hätte. In einigen der besseren Holzschnitte glaubt man die Erfindungskraft Dürers durchzuspüren. Wenn sich sein möglicher Anteil auch kaum abgrenzen läßt, so ist Dürer durch diese Werke doch von Anfang an auf das mächtige Format der Holzschnitte verwiesen worden, das er später für seine großen Blätter anwandte. Jedenfalls bildete die Kenntnis des ganzen Verlagswesens eine wichtige Voraussetzung für ein auch in den äußeren Maßen so gewaltiges Werk wie die *Apokalypse* sowie für seine späteren Holzschnittbücher der *Großen Passion* und des *Marienlebens*, die Dürer als sein eigener Verleger herausgab.

Dürers Selbstbildnis als Dreizehnjähriger zeigt deutlich, daß er in der Werkstatt Wolgemuts außer dem soliden Handwerk nichts mehr hinzulernen konnte. Überschaut man die frühe Entwicklung Dürers, so ist leicht zu erkennen, daß er ein Leitbild hatte, daß sein eigentlicher Lehrmeister in Wirklichkeit nicht Wolgemut, sondern Martin Schongauer war. Die formvollendeten Stiche des größten deutschen Meisters vor Dürer lagen damals in allen Werkstätten als Vorlagen auf. Sicher hatte er sie bereits bei seinem Vater gesehen, und auch in der Werkstatt Wolgemuts wurden sie weidlich ausgebeutet. Schongauer stammte ebenfalls aus einer Goldschmiede-Familie, und auch er hatte zunächst das Handwerk des Vaters gelernt. Dürer muß von Anfang an von der Vollkommenheit dieser Stiche wie gebannt gewesen sein. Hier war einer, der mit gelassener Überlegenheit weit über die schmalbrüstige, erregte und lärmende Gotik, wie sie auch in den Nürnberger Werkstätten gepflegt wurde, hinauswuchs und ein neues Schönheitsideal setzte.

Gegen Ende des Jahres 1489 hatte Dürer die Lehrzeit bei Michael Wolgemut abgeschlossen. Er wartete das Frühjahr ab, ehe er nach Ostern, am 11. April 1490, seine Wanderschaft antrat. Vorher noch, in den Wintermonaten, malte Dürer das Bildnis seines Vaters, in

Illustration zum «Narrenschiff». Holzschnitt. Regensburg, Slg. Winzinger

dem er nun zeigte, was er alles gelernt hatte (Florenz Uffizien). Das Bild ist mit größter Sachlichkeit und höchster Sorgfalt gefertigt, jede Bartstoppel, jede Hautfalte ist wirklichkeitsgetreu wiedergegeben. In der Modellierung des Gesichtes bewährt sich Dürers Sinn für das Körperhafte. Kein Bildnis der deutschen Gotik steht den Meisterbildnissen der alten Niederländer, besonders denen des Jan van Eyck, näher als diese Bildtafel. Doch die heimliche Unruhe in der Bewegung der Haare verrät, daß es die Arbeit eines Späteren ist. Das Bild zeigt Dürer im Besitz des Erbes der Kunst des Nordens.

Dürer hatte den Vater schon 1486, als er seine Goldschmiedelehre abschloß, in einer großen Silberstiftzeichnung (Wiener Albertina

[W. 3]) verewigt. Mit harter, angestrengter Eindringlichkeit hatte er alles Sichtbare der Vergänglichkeit abgetrotzt. In dem Gemälde wird nun die Wirklichkeit durchscheinend, so daß das Werk zugleich zu einem wahren Seelenbildnis wird. Nicht nur das Antlitz, sondern auch die den Rosenkranz haltenden Hände verraten in ihrer Verschränktheit viel von dem grüblerischen Sinn des ernsten, schweigsamen Mannes, der der Vater des größten deutschen Künstlers war.

Einen festen Teil der Ausbildung eines Malers in der damaligen Zeit bildete die Wanderschaft. Kein Geselle konnte Meister werden, wenn er sich nicht vorher in fremden Werkstätten umgesehen hatte. Dabei trachtete jeder vor allen Dingen darauf, seinen Formenvorrat zu erweitern. In den Skizzenbüchern der wandernden Malergesellen wurden fleißig Motive aus den verschiedensten, oft zeitlich weit auseinanderliegenden Vorbildern gesammelt. Die meisten erhaltenen Zeichnungen der Gotik sind herausgelöste Seiten aus solchen Skizzenbüchern. Auch von Dürer gibt es dafür sehr typische Blätter.

Über seine Wanderzeit spricht sich Dürer in seiner Familienchronik nur in zwei kargen Sätzen aus: *Und da ich außgedient hat, schickt mich mein vatter hinwegg, und bliebe vier jahr außen, biß daß mich mein vater wider fodert. Und alß ich im 1490 jar hinwegg zog nach Ostern, darnach kam ich wider, alß man zehlt 1494 nach Pfingsten.*

Es war damals immer noch üblich, daß die deutschen Maler auf der Wanderschaft zu den großen Meisterwerkstätten in die Niederlande zogen, um sich dort weiterzubilden. Ein solcher Aufenthalt Dürers ist nicht nachzuweisen. Er hätte irgendwie einen Niederschlag finden müssen. Offenbar kündigt sich in dieser Haltung Dürers ein entscheidender Sinneswandel an. Schon sehr bald mehren sich die Anzeichen, daß er seinen Blick nach dem Süden richtet. Von den neuen künstlerischen Errungenschaften Italiens hatte er wohl längst vielfältige Kunde.

Zuerst treibt es ihn nach Basel, das sich rasch zu einem Brennpunkt des Humanismus entwickelt hatte. Dort saßen die unternehmungslustigsten Verleger und Drucker, und die Möglichkeit, rasch zu Arbeit und Brot zu kommen, mag ihn nicht zuletzt angelockt haben. Offenbar hatte man in Basel sofort seine außergewöhnliche zeichnerische Begabung erkannt, und gegen alles Herkommen und gegen alle Zunftgepflogenheit erhält der blutjunge Geselle sofort eine Fülle wichtiger Aufträge. Von seinem ersten, noch recht ungeschickt gezeichneten Holzschnitt von 1492 – einem *Hieronymus im Gehäus* – hat sich in Basel der Druckstock erhalten. Man käme bei diesem «Probestück» nicht leicht auf Dürer, wenn er nicht eigenhändig auf die Rückseite *Albrecht Dürer von Nörmergk* mit der Feder geschrieben hätte. Aber seine Hand wird rasch frei, und seine weiteren Arbeiten, etwa die 45 Holzschnitte zum «Ritter vom Turn» und besonders die 75 Holzschnitte zum «Narrenschiff» des Sebastian Brant sind frühe Meisterwerke menschlicher Charakterisierungskunst und gelöster Zeichnung. Dazu kommen achtzehn kleine

Holzschnitte zu einem Andachtsbuch, das nie erschienen ist, sowie 140 Vorzeichnungen auf Holzstöcken zu den «Komödien des Terenz», von denen aber nur ein Dutzend schlecht geschnitten wurde.

Es sind das fast dreihundert Holzschnittentwürfe, die erst durch die neuere Forschung für Dürer gesichert werden konnten, Arbeiten, die zum Beispiel Heinrich Wölfflin noch ablehnte.[8] Aus schriftlichen Quellen ist bekannt, daß Dürer damals auch in Straßburg tätig war. So wird in dem Verzeichnis der Kunstsammlung Willibald Imhoffs d. Ä. (1513–74) in Nürnberg ein Bild Dürers beschrieben: «Ein Alter man In ein tefelein Ist zu Straspurg Sein meister gewest – auf pergamen.» Man kann sich aber leicht vorstellen, daß sein ganzes Bestreben darauf gerichtet war, Martin Schongauer kennenzulernen, den verehrten Meister, der ganz in der Nähe, in Kolmar, arbeitete.

In einer kleinen lateinischen Schrift von Christoph Scheurl, die 1515 unter den Augen Dürers in Nürnberg gedruckt wurde und von der der Verfasser eine eigenhändige deutsche Übersetzung anfertigte, steht unter anderem, Dürer habe ihm mitgeteilt, «das sein vatter Albrecht . . . wol willens gewest were, inen als er in das drey zehent jar gieng, zu dem Schön Merten [Martin Schongauer] von wegen seines treffenlichen namens zu lernen zu thun, das er jhm auch deßhalb geschrieben het, aber inn dem, wer er Merten, mit todt abgangen». Die Notiz stimmt insofern nicht ganz, als Martin Schongauer erst 1491 starb.

Scheurl fährt in seinem Bericht fort, daß Dürer bei seinem Nachbarn Michael Wolgemut «drey jar gelernet hab». Danach sei er «in Teütschland hin vnd wider gezogen, vnd in dem 92. jar gen Colmar komen . . . do hetten jhm Caspar vnd Paulus, goltschmid, vnd Ludwig, maler, der gleichen zu Basel Georg, goltschmid, all deß Schon Merten gebrüdere, gute gesellschaft gelaist. Aber von ihm den Schon Merten, hab er nit allein nit gelernet, sonder auch inen all sein leben lang nie gesehen, jedoch zusehen hochlich begert».

Diese Angaben über die Brüder Schongauers sind von der Forschung bestätigt worden.[9] Dürer hatte also Martin Schongauer, den «zusehen er hochlich begert» habe, in Colmar nicht mehr am Leben angetroffen. Wahrscheinlich hatte ihn die Pest, die zu dieser Zeit am Oberrhein wütete, hinweggerafft. Aber von seinen Brüdern dort und in Basel war Dürer freundlich aufgenommen worden. Damals erhielt er wohl auch die Zeichnungen Schongauers, die später in seinem Besitz waren. Andere Blätter des Meisters hat er getreu nachgebildet. Jedenfalls ist der zeichnerische Stil des jungen Dürer demjenigen Schongauers so ähnlich, daß man bei einigen Blättern große Mühe hat, die Hände zu scheiden.[10]

Es ist höchst erregend, sich eine solche Begegnung vorzustellen: Schongauer, der größte deutsche Meister der vergehenden Epoche, Auge in Auge mit dem ungestüm drängenden, genialen Jüngling von 22 Jahren, der dabei war, die Pforten der neuen Zeit aufzusprengen.

Selbstbildnis. Feder. Erlangen, Universitätsbibliothek (Ausschnitt)

Wenn sich auch beide Künstler nie begegnet sind, so hätte die Durchdringung ihrer geistigen Sphären nicht inniger sein können. Dürer übernimmt den gesamten Formbesitz Schongauers, als hätte er nur darauf gewartet. Ohne Verzug bringt er ihn zur höchsten Entfaltung und Reife. Seine stürmische Jugendentwicklung ist ohne das kostbare Erbe nicht vorstellbar. Dabei ist zu bedenken, daß Schongauer als Kupferstecher bereits am Ende einer langen Entwicklung steht, daß sein Werk in der Arbeit von Stechern wie dem «Meister der Spielkarten» und dem «Meister E. S.» schon entscheidend vorbereitet war. Dürers Kupferstiche stützen sich auf die Erfahrung und den Formbesitz, die ein ganzes Jahrhundert lang ungeschmälert weitergereicht worden waren. Das ist nicht zuletzt eine der

Erklärungen für die unbegreifliche Vollkommenheit und Sinnfülle, die seine Arbeiten von Anfang an auszeichnen.

Während der Wanderzeit zeichnete er, wie beiläufig, mit rascher, gelöster Feder das Selbstbildnis in Erlangen auf die Rückseite einer Zeichnung mit der «Heiligen Familie», die ganz im Stil Schongauers gehalten ist [W. 25]. Dürer erscheint ganz in sich versunken, aber sein Blick ist zugleich forschend, ja fordernd, als wollte er in das Innere aller Erscheinung eindringen.

Der Dürer dieser Tage steht uns auch in dem Pariser Selbstbildnis (Umschlagbild) von 1493 höchst lebendig vor Augen. In modisch-eleganter, aufwendiger Tracht gibt er sich wie ein Herr, kühn und stolz in einem nunmehr geweiteten Bildraum, der alle gotische Enge abgestreift hat. Das eckige, jungenhafte Gesicht verrät trotz der Besinnlichkeit des Blickes geballte Energie. Besonders schön ist der herb-sinnliche Mund. In der Linken hält er eine Brachdistel, die auch «Mannstreu» genannt wurde, die in ihrer spröden Schönheit wie ein Sinnzeichen seines herb-männlichen Charakters wirkt. Man begegnet der Distel in dieser Zeit öfters auf Verlöbnisbildern, und es könnte sein, daß das Bild als Geschenk Dürers für Agnes Frey bestimmt war, die ein Jahr später seine Frau wurde. Seine gläubige Selbstsicherheit spricht auch aus der Aufschrift: *My sach die gat. Als es oben schtat* (Meine Sache geht, wie es oben – bei Gott – steht).[11]

Am 18. Mai 1494, drei Tage vor seinem 23. Geburtstag, kam Dürer von seiner vierjährigen Wanderschaft zurück. Bereits sieben Wochen später heiratete er die Tochter des angesehenen Handelsherrn Hans Frey. Dürer schreibt in seiner Familienchronik: *Und alß ich wider anheimbe* (nach Hause) *kommen was, handelt Hanns Frey mit meinen vater und gab mir seine tochter mit nahmen jungfraw Agnes, und gab mir zu ihr 200 fl. und hielt die hochzeit, die was am Montag vor Margarethen* (7. Juli) *im 1494 jar.*

DÜRERS FRAU

Wie es damals üblich war, hatten die Väter die Ehe ausgehandelt, und deswegen war es sicherlich keine Liebesheirat gewesen. Die Ehe blieb kinderlos, und aus verschiedenen Umständen hat man später schließen wollen, daß das Verhältnis der beiden Gatten nicht besonders harmonisch gewesen sei. Das abfällige Urteil geht vor allen Dingen auf einen Brief zurück, den Pirckheimer an den Festungsbaumeister Johann Tschertte im November 1530, also zwei Jahre nach dem Tod Dürers, schrieb. Er führt darin aus, daß er nichts stärker bedauere, als daß Albrecht eines so hartseligen Todes verstorben sei. Und daran habe vor allem seine Hausfrau schuld, die ihn «der maß gepeyniget hat, das er sich dest schneller von hinen gemacht hat». Sie habe ihm den fröhlichen Umgang verleidet, ihn nicht mehr unter die

Agnes Dürer. Tempera auf Leinwand, 1521. Paris, Bibliothèque Nationale

Leute gehen lassen und dabei stets zu harter Arbeit angetrieben, um Geld zu verdienen, damit sie nach seinem Tode ihr Auskommen hätte. Pirckheimer habe ihr selbst öfters deswegen Vorhaltungen gemacht, aber er habe nichts anderes als Undank dafür erlangt, denn «wer diesem man wol gewolt vnd umb in gewest ist, dem ist sy feynt worden». Hier spricht deutlich die Eifersucht um den geliebten Menschen. Wahrscheinlich hatte die fromme und gottesfürchtige Frau an Pirckheimers freiem Lebenswandel Anstoß genommen.

Es gibt ein wunderbares Zeugnis der innigen Zuneigung Dürers zu seiner jungen Frau, jenes Blättchen in der Albertina, auf dem er

«mein agnes». Wien, Albertina

ganz frei mit sprühend geistvoller Feder ihr Brustbild festhielt und *mein agnes* [W. 154] darunterschrieb. Auch 1521, auf der niederländischen Reise, hat Dürer seine Frau zweimal gezeichnet, einmal mit dem Silberstift in sein Skizzenbüchlein und dann in einem bedeutenden, großformatigen Brustbild auf dunkelviolettem Grund in niederländischer Tracht [W. 814]. Die Zeichnung hat Dürer ausführlich beschriftet mit dem Hinweis, daß er sie *zw antorff* (in Antwerpen) gefertigt habe, *do sy aneinander zw der e* (Ehe) *gehabt hetten XXVII Jor.* Die Aufschrift und der Umstand, daß Dürer Agnes mit auf die weite Reise nahm, vor allen Dingen aber die zärtliche Sorgfalt, mit der Dürer das Gesicht seiner Frau umschreibt, verraten alles andere als ein gespanntes oder auch nur gleichgültiges Verhältnis der beiden Eheleute. Das großgeformte, vornehme Antlitz verrät kühlen Tatsachensinn und Selbstsicherheit und läßt erkennen, daß Agnes einst eine sehr schöne Frau gewesen sein muß. Das zeigt auch der «Weibliche Studienkopf» in der Pariser Nationalbibliothek, der eindeutig das geradezu klassisch regelmäßige Gesicht seiner Frau in jüngeren Jahren wiedergibt.[12]

Dagegen ist das weibliche Brustbild einer jungen Frau in venezianischer Tracht in Berlin, das entweder beim zweiten Aufenthalt in Venedig oder kurz danach entstand, sicher nicht die Frau Dürers, obwohl man aus dem bestickten Miederband mit viel Phantasie das Wort «Agnes» herauslesen wollte.[13] Die großen Buchstaben «A» und «D» bedeuten höchstens die Künstlersignatur. Agnes hat auch ganz offensichtlich bei der großen Zeichnung der *Heiligen Anna* von 1519 (Albertina [W. 574]) als Modell gedient. Es handelt sich dabei um eine genaue Vorarbeit für das Bild *Anna Selbdritt* von 1519 im New Yorker Metropolitan Museum. Trotz gewisser Ungeschicklichkeiten im Bildaufbau gehört die Tafel, besonders wegen der erlesenen Farbigkeit und Feinmalerei, zu den Hauptwerken Dürers.[14]

Es bedeutete für Dürer eine wichtige Bestätigung, daß er in eine so alte, angesehene Nürnberger Familie, deren Vorstand bald darauf «Genannter des Großen Rates» wurde, einheiraten konnte. Seine Schwiegermutter, eine geborene Rummel, entstammte einem der angesehensten, regimentsfähigen Geschlechter Nürnbergs. Nun war er nicht mehr der Sohn eines armen «Zugereisten», nun war er in die führende Schicht der Stadt hineingewachsen. Die Mitgift von 200 Gulden, die ihm Agnes mit in die Ehe brachte, war für bürgerliche Verhältnisse ein bedeutender Betrag, der dazu ausreichte, etwa ein mittleres Haus zu kaufen. Dürer konnte damit ohne Sorge seine erste Reise nach Venedig finanzieren.

Sicherlich hatte Dürer damals längst schon von der *Wiedererwachsung* der antiken Kunst – wie er es nennt – gehört, *die gar verloren ob tausend Jahr verborgen war.*

In Basel hatte er die «Komödien des Terenz» in einer krausen, gotischen Manier illustriert. Jetzt gilt sein ganzes Interesse den *nacketen Bildern der Walchen.* In einer Baseler Badestube hatte er schon eine nackte Badedirne mit unübertrefflicher Augenschärfe ge-

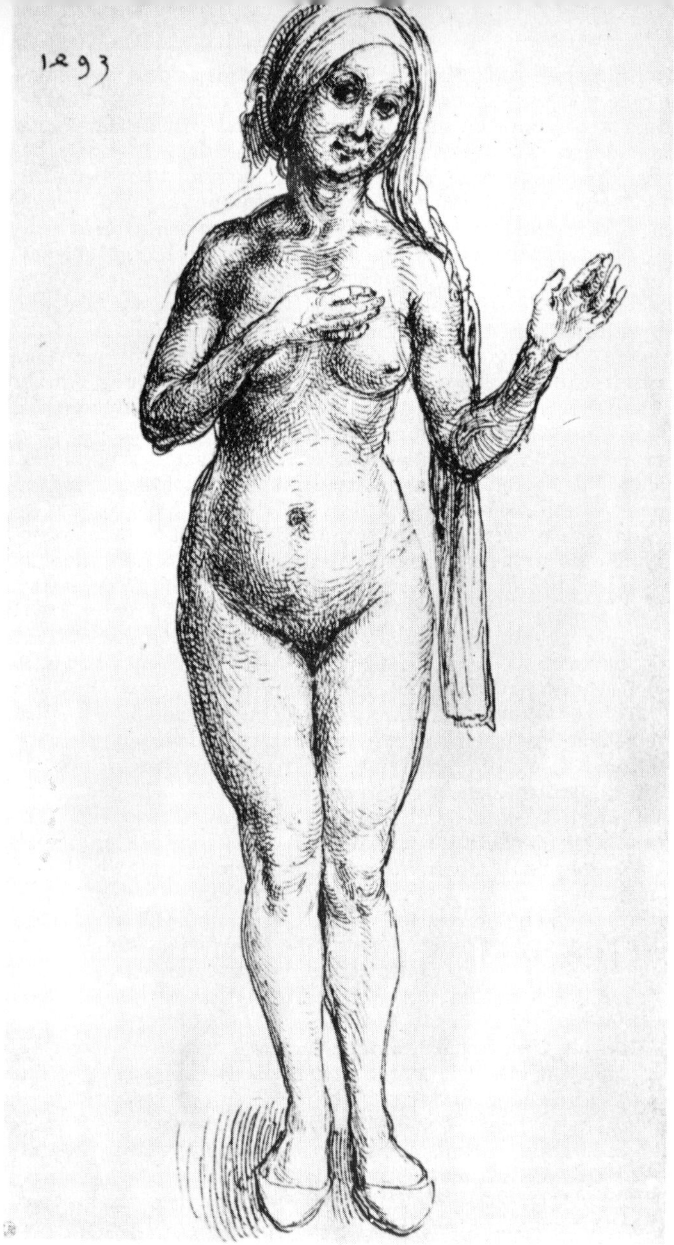

Bademädchen. 1493. Feder. Bayonne, Musée Bonnat

zeichnet, aber das Modell fühlt sich ausgezogen und recht unbehaglich vor dem zudringlich-forschenden Blick des jugendlichen Zeichners. Die Arme erscheinen noch wie an den Körper geschnürt, und nichts verrät den natürlichen Adel des nackten menschlichen Körpers. Dürer begegnete den Aktdarstellungen der Italiener wahrscheinlich zuerst auf den Kupferstichen Andrea Mantegnas, die später auch Albrecht Altdorfer alle kannte. Für Dürer muß von diesen großen Blättern eine geradezu bannende Wirkung ausgegangen sein, denn hier traf er die Gegenwelt zu der Welt des Nordens, die er überwinden wollte. Die ersten sichtbaren Zeugnisse dieser Begegnung sind seine zwei Federkopien nach den Stichen Mantegnas «Bacchanal mit dem Silen» [W. 59] und «Kämpfende Seekentauren» [W. 60], die sich heute in der Albertina in Wien befinden. Er hat dabei die Umrisse gepaust, aber die nüchternen Parallelschraffen Mantegnas nehmen unter seiner Feder nun ein ganz eigenes, drängendes Leben an. Sie folgen mit geschwellter Kraft abtastend den Rundungen der Körper. Wie wichtig Dürer die Nachzeichnungen nahm, geht daraus hervor, daß er sie beide mit seinem Namenszeichen und der Jahreszahl 1494 versah. Am Ende des Jahres ist Dürer bereits in Venedig, aber nicht zuletzt das deutsche Papier spricht dafür, daß er sie noch vor seiner Reise in Nürnberg angefertigt hatte.

Um diese Zeit malte Dürer auch die großen Wasserfarbenblätter mit Nürnberger Ansichten, wie die *Drahtziehmühle* (Berlin [W. 61]) und den *Johannesfriedhof* (ehemals Bremen [W. 62]). Es sind das nüchterne Aufnahmen größerer Naturausschnitte von höchster Wirklichkeitstreue und mit einer manchmal beklemmenden Genauigkeit vorgetragen. Mit Mühe werden zum erstenmal die vielen Einzelheiten zu einem einheitlichen Bild zusammengezwungen. Den wenigsten Betrachtern kommt es zum Bewußtsein, daß es sich um wichtige Dokumente der abendländischen Geistesgeschichte handelt, denn sie sind viele Jahre vor Altdorfer die ersten selbständigen Landschaftsbilder der abendländischen Malerei.

DIE ERSTE ITALIEN-REISE

Man sollte meinen, daß Dürer nach der Gründung seines eigenen Hausstandes zuerst in Nürnberg Boden unter den Füßen bekommen wollte. Aber schon im September 1494, ein Vierteljahr nach seiner Hochzeit, ist er auf dem Weg nach Italien. Im Sommer wütete die Pest in Nürnberg mit furchtbarer Gewalt, so daß bis zum Ende des Jahres jeder Dritte starb. Wer es sich leisten konnte, floh. Das war wohl der Grund, daß Dürer sich so rasch von seinem jungen Weib trennte und die wahrscheinlich schon längst sehnsüchtig erstrebte Reise antrat. Daß er nach Venedig ging, war kein Zufall. Ähnlich wie in Basel begann sich in Venedig der Buchdruck reich zu ent-

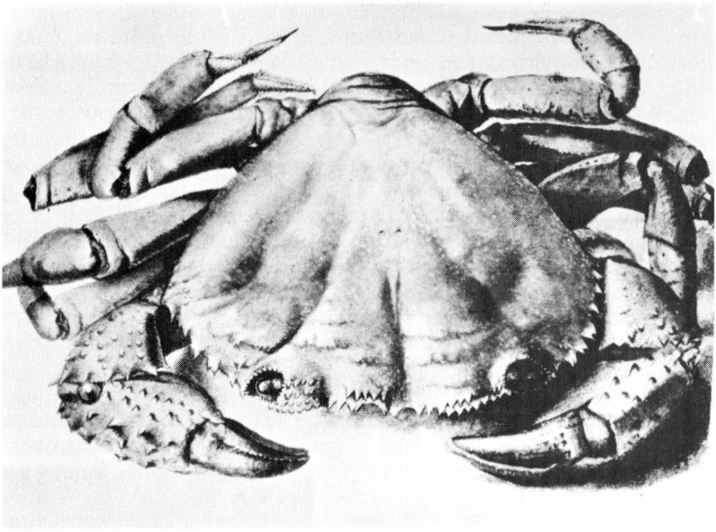

Krabbe. Um 1495. Wasserfarbe. Paris, Privatsammlung

falten. Dort entstanden in unablässiger Folge eine Fülle kostbarer Drucke. Vielleicht hoffte Dürer, wie in Basel, sein Brot als Zeichner für Buchholzschnitte verdienen zu können. Die Nürnberger Kaufleute unterhielten überdies sehr enge Handelsbeziehungen zu Venedig, und Dürers Pate Koberger, der damals die größte Druckerei Europas besaß, wird ihm wohl entsprechende Empfehlungen mitgegeben haben.

Dürer hat die Reise nach Venedig in seinem Gedenkbuch nicht vermerkt, ebensowenig wie seine späteren Reisen in die Schweiz, nach Augsburg und in die Niederlande. Nur in einem seiner Briefe, den er 1506 aus Venedig an seinen Freund Willibald Pirckheimer schrieb, erwähnt er beiläufig, daß er nun manche Dinge anders beurteile als elf Jahre zuvor.

Die sprechendsten Zeugnisse dieser Reise sind etwa drei Dutzend Aquarelle und Federzeichnungen, darunter die zwei großartigen Darstellungen eines Hummers und einer Krabbe [W. 91, 92], die in ihrer Realistik und Unmittelbarkeit zu den wichtigsten frühen Tierdarstellungen der deutschen Kunst gehören. Noch viel entscheidender ist aber das Dutzend großer Landschaftsaquarelle, die Dürer unterwegs in Südtirol aufnahm.[15] Auf der Hinreise hatte er bereits eine Ansicht der Stadt Innsbruck und zwei Aufnahmen der dortigen Burg gemalt, deren ängstliche Befangenheit und nüchterne Wirklichkeitsliebe kaum ahnen lassen, zu welch freien Aussagen er kurze Zeit später fähig ist. In manchen Blättern, etwa in der *Ansicht von*

Trient [W. 96], bewältigt er atmosphärische Probleme, wie sie erst wieder im 19. Jahrhundert auftauchen. Wenn ihn die Zeitnot dazu zwingt, die Einzelheiten zu raffen, wie in der *Baumgruppe* [W. 104], erreicht der Pinsel ganz unvermittelt die Freiheit einer späten Zeichnung Rembrandts. Gerade in diesem viel zu wenig beachteten Blatt schlägt zugleich ein fast religiös-inbrünstiges Naturgefühl durch, wie bei einem chinesischen Tuschmaler der Sung-Zeit. Alles, was Dürer nun angreift, ist neu und taufrisch – die Entwicklung überstürzt sich, seine schöpferische Kraft entlädt sich wie im Aufleuchten eines Blitzes.

Die erhaltenen Zeichnungen verraten den Eifer, mit dem er italienische Motive sammelte, wichtiger aber ist die innere Freiheit, die ihm die Begegnung mit der Welt des Südens verschaffte. Nichts zeigt den Abstand besser als der Vergleich des noch befangenen nackten Mädchens aus der Baseler Badestube mit dem gelösten Rückenakt [W. 85], den er in einem venezianischen Studio ganz frei mit dem Pinsel hinsetzt. Der Akt steht so, wie er in allen Akademien zehntausendmal gestellt wurde – aber welch eine königliche Freiheit be-

Baumgruppe. Um 1495. Wasserfarbe. Ehem. Braunschweig, Slg. Blasius

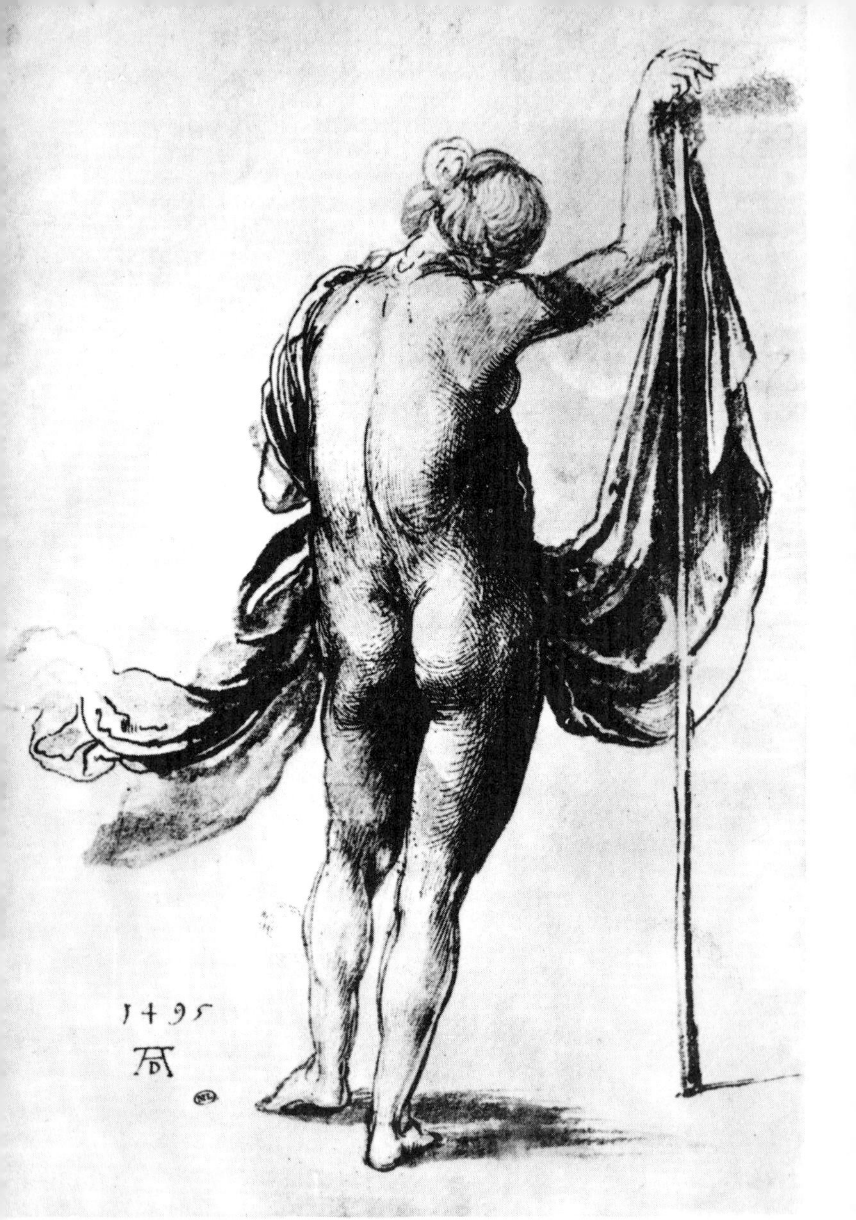

Aktstudie. 1495. Feder und Pinsel. Paris, Louvre

zeugt dieses herrliche, frische Blatt, in dem Dürer den Körper zum erstenmal aus seiner lebendigen Funktion und zugleich als ein Stück Architektur begreift! Kaum jemals gab sich ein junger deutscher Maler griechischer als Dürer in diesem Blatt.

Die reitenden Boten der Nürnberger Handelshäuser benötigten etwa zehn Tage bis Venedig. Dürer wird etwas länger gebraucht haben, da er viel malte und zeichnete. Die insgesamt fünfzehn erhaltenen Aquarelle verteilen sich auf die Hin- und Rückreise, und daß weitere Arbeiten verlorengegangen sind, beweist die herrliche Landschaft auf dem Kupferstich mit dem *Großen Glück*. Dargestellt ist eine sehr sorgfältige Aufnahme des Städtchens Klausen an der Brennerstraße – dort, wo der Tirner Bach in die Eisack fließt. Über dem Städtchen steht die Burg Branzoll, die die Brennerstraße abriegelt, und hoch darüber das altehrwürdige Frauenkloster Säben.[16]

Gegen diese überaus kleinteilige Sachschilderung ist die Oxforder Landschaft, die er als *Welsch pirg* (Welsches Gebirge) bezeichnet [W. 99], mit wenigen großen Pinselzügen in wilder Größe angelegt, wie es Jahrhunderte später ein William Turner nicht viel anders hätte machen können. Nun zwingt Dürer die Welt mit kühnem Blick zu einer Bildeinheit zusammen. Der Berg des Hintergrundes ist dabei in allen Einzelheiten durchgeführt. Ebenso ist rechts in halber Höhe genau ein Kirchlein eingetragen. Das ist ein sicherer Hinweis, daß das Blatt später mit Muße «fertig» gemacht werden sollte. Vieles deutet darauf hin, daß auch andere Aquarelle der Reise, etwa die *Ansicht von Arco*, erst nachträglich vollendet wurden. Dieses Verfahren ist jedem Maler vertraut.

In Trient, das damals reichsunmittelbares Fürstbistum war, befand sich Dürer noch auf deutschem Boden. Von der Stadt, der Residenz und dem «Doss Trento» gibt es drei Aquarelle Dürers. Wenn er nicht weiter der römischen Pilgerstraße bis nach Verona folgte, dann führte sein Weg vielleicht durch das Suganer Tal, und in dieser Gegend könnte die Oxforder Landschaft entstanden sein.

Eine besonders feine Arbeit ist das Aquarell *Arco* [W. 94] das Dürer *Fenedier Klawsen* (Venediger Klause) nannte, weil der Felskegel als Sperrfestung gegen die Venezianer ausgebaut war, deren Herrschaft hier begann. Abgesehen von den fehlenden Gebirgszügen im Hintergrund sind alle Einzelheiten mit großer Sorgfalt durchgeführt. Obwohl ausgeprägte Tiefenlinien fehlen, atmet das Blatt Weite und Größe. Nun ist Dürer schon unendlich weit entfernt von der ängstlichen Genauigkeit, wie sie etwa der *Drahtziehmühle* noch anhaftet.

Es kann keinen Zweifel geben, daß die Empfehlungen der sehr angesehenen Nürnberger Handelsherren, die in Venedig im «Fondaco dei Tedeschi» unmittelbar bei der Rialto-Brücke ihre Niederlassung hatten, dem jungen Maler zahlreiche Verbindungen erschlossen.

Auf einem der Bilder Gentile Bellinis, das die Prozession mit der Kreuzesreliquie auf dem Markusplatz zeigt, ist auch eine Gruppe von zwei vornehmen Türken mit ihrem Diener dargestellt. Dürer hat die

Ansicht von Arco. Um 1495. Wasserfarbe. Paris, Louvre

Gruppe in einer kolorierten Federzeichnung kopiert. Wenn es zutrifft, daß Bellinis Bild erst 1496, also nach der Abreise Dürers, vollendet wurde, müßte Dürer eine Vorstudie Bellinis benutzt haben. Einige Abweichungen von der Bildfassung scheinen das zu bestätigen. Es würde bedeuten, daß Dürer schon damals Zutritt zur Werkstatt der Bellini hatte, der bedeutendsten Künstlersippe Venedigs, die obendrein mit Andrea Mantegna verschwägert war.

Alle Kirchen, Bruderschaftshäuser und Paläste waren übervoll von kostbaren Malereien der Crivelli, Vivarini, Carpaccio, Bellini, Cima und anderer Meister. Die Skizzen, die Dürer sich für unser Gefühl ein wenig zufällig und wahllos nach solchen Vorlagen anfertigte, geben Kunde von seinem brennenden Interesse für die neue Kunst der Renaissance. Zunächst brauchte er einige Zeit, um alles, was in

Ansicht von Klausen. Ausschnitt aus dem «Großen Glück». Kupferstich, 1498

so ungeordneter Fülle auf ihn eindringt, zu verarbeiten. Es ist fast kein Blatt dabei, bei dem nicht der nackte Mensch vorherrscht. Besonders aufschlußreich sind die zwei Gruppen eines *Frauenraubs* [W. 82], die vielleicht auf Vorlagen des Antonio Pollaiuolo zurückgehen. Ein Blatt, wie das mit den sieben *Tanzenden Kindern* [W. 83] ist jedoch nicht nach einem italienischen Vorbild gezeichnet, wie meist angenommen wird; hier exerziert Dürer einen bewegten Kinderakt in «welscher Manier» höchst zielstrebig durch, und stolz führt er vor, was er nun schon alles weiß. Das ist auch so kennzeichnend für die Stiche und Holzschnitte, die nach der Rückkehr in Nürnberg entstehen. Besonders der Holzschnitt *Das Männerbad* bringt eine ganze Musterauslese von männlichen Akten, die nun von der Funktion her begriffen sind und in denen Dürer seine neuerworbenen anatomischen Kenntnisse ein wenig aufdringlich zur Schau stellt. Daneben zeichnet Dürer Modebilder vornehmer Venezianerinnen, die er später mehrmals in anderen Arbeiten verwendete. So erscheint eine der prächtig gekleideten Venezianerinnen als «babylonische Hure» in einem der Holzschnitte der *Apokalypse.*

Daß Dürer schon im Laufe des Februar 1495 aus Venedig in die Heimatstadt zurückgekommen sei, wie zum Beispiel Ludwig Grote annimmt, ist wenig wahrscheinlich. Er müßte dann die Alpen im Hochwinter überschritten haben, wenn die Lawinen über die ausgesetzten Saumtierpfade herabdonnerten. Was sollte Dürer veranlaßt haben, ein so beschwerliches und gewagtes Abenteuer ohne Not auf sich zu nehmen? Außerdem ist es sehr fraglich, ob damals im Hochwinter der Brennerpaß überhaupt begehbar war. Wäre Dürer so zeitig zurückgekommen, dann hätte er die *Ansicht von Arco* schon auf der Hinreise im September oder Oktober malen müssen. Aber die Ölbäume stehen in blausilbernem Frühlingsschmuck, und die Matten schimmern in zartem Maiengrün, während im Spätherbst die Farben Goldocker, Indischgelb, Siena und Veroneser Grüne Erde vorherrschen müßten. Die *Ansicht von Arco* ist also zeitig im Frühjahr auf der Rückreise entstanden. Diese Feststellung ist wichtig, weil Dürer sich demnach nicht nur drei bis vier Monate in Venedig aufhielt, wie man bisher meist annahm, sondern beträchtlich länger.

Was Dürer außer den Landschaftsaquarellen und den zwei Tierstudien mit nach Hause brachte, wirkt ein wenig zufällig, ja fast verspielt. Es sind so etwas wie die Brosamen, die vom Tische der Reichen fallen; wäre da nicht der weibliche Rückenakt von 1495, müßte man annehmen, er hätte nicht recht gewußt, was er wollte. Bedenkt man Dürers außerordentlichen Fleiß, hat sich aber wahrscheinlich nur ein Bruchteil seiner venezianischen Arbeiten erhalten.

Seit dem Frühjahr 1495 hatte Sebald Schreyer in Nürnberg sein Haus am Burgberg ganz in italienischer Manier ausstatten lassen. Es hat sich nichts davon erhalten, aber es ist überliefert, daß er zwei Stuben über hohen, hölzernen Wandverkleidungen mit Orpheus,

Männerbad. Um 1496. Holzschnitt

Apollo, den neun Musen, den Sieben Weltweisen, Amphion und ähnlichen Vorwürfen ausmalen ließ. Zu den Bildern verfaßte Konrad Celtis, den der Kaiser auf der Burg mit dem Dichterlorbeer gekrönt hatte, lateinische Epigramme, die in großen Lettern aufgemalt wurden. Für die Ausführung der Wandbilder konnte eigentlich nur Dürer in Frage kommen, wenn auch sein Name nirgends genannt ist. Das Unternehmen muß schon vor seiner Italien-Reise abgesprochen worden sein. Die letzten Abrechnungen darüber stammen vom 24. Juni 1495.[17]

Ein Jahr nach Dürers Rückkehr aus Venedig – im April 1496 –

hielt sich der sächsische Kurfürst Friedrich III. der Weise vier Tage lang in Nürnberg auf. Der bedeutende Mann, der später Martin Luther unter seinen Schutz nahm, erkannte sofort die Größe Dürers. Er läßt sich von ihm malen, bestellt zwei Flügelaltäre und wird sein ganzes Leben lang sein Gönner bleiben. Bei dem Bildnis des Kurfürsten erkennt man, daß Dürer noch die großgebauten venezianischen Bildnisse in der Erinnerung hat. Die dünne Leinwand und karge Farbigkeit der Tempera ähneln denen Mantegnas. Sehr deutsch dagegen wirkt der düstere, bohrende Ausdruck des Gesichtes und die Anstrengung Dürers, über die Erscheinung hinaus etwas von der herrischen Gewalt des Mannes zu geben.

Der Kurfürst bestellte zugleich den kleinen Altar, der sich heute in Dresden befindet. Auf dessen Mittelbild betet an der Fensterbrüstung eines seltsam kahlen, konstruierten Raumes Maria das Kind an, während auf den Flügeln die Heiligen Antonius und Sebastian als Halbfiguren gemalt sind. Auch diesen Altar hat Dürer auf neumodische Art auf *ein tüchel* gemalt, und in der nüchternen Nacktheit des Raumbildes wirken ebenfalls deutlich welsche Erinnerungen nach. Nach seiner Rückkehr von der zweiten italienischen Reise malte Dürer für den Kurfürsten die *Marter der Zehntausend.*

Abgesehen von vereinzelten, noch recht unsicheren Versuchen wandte sich Dürer erst nach seiner ersten italienischen Reise dem Kupferstich zu. In den frühesten Blättern, zum Beispiel in der *Heiligen Familie mit der Heuschrecke* [B. 44], um 1495, spürt man noch deutlich den Zusammenhang mit den Stichen Schongauers. Schon nach ganz kurzer Frist erreicht er eine außerordentliche Vollendung in der Führung des Grabstichels. Nirgends vielleicht spricht sich Dürers Wißbegier deutlicher aus als in diesen Arbeiten, deren Motive gar nicht vielfältiger sein könnten. Im Gegensatz zu den Holzschnitten überwiegen profane Darstellungen. Da erscheinen neben dem «Zudringlichen Liebhaber» (um 1495 [B. 92]) die «Türkenfamilie» (um 1497 [B. 85]), das «Mißgestaltete Schwein» (um 1496 [B. 95]), «Fünf Landsknechte mit dem reitenden Türken» (um 1496 [B. 88]), die «Buße des heiligen Chrysostomus» (um 1497 [B. 63]), der «Verlorene Sohn» (um 1497 [B. 28]) oder antikische Stücke wie der «Herkules» (um 1500 [B. 73]) und das «Meerwunder» (um 1501 [B. 71]). Mit Ausnahme des erstgenannten tragen alle Stiche das Namenszeichen, aber eine Jahreszahl erscheint erst 1497 auf dem Stich mit den «Vier nackten Weibern» [B. 75]. Schon bald greift Dürer auch zu großen Formaten, wie sie im Kupferstich bis dahin nur selten vorkommen. Er kann sich gar nicht genug tun, die ganze Fülle des Schaubaren realistisch zu einem eigenen Kosmos zusammenzuzwingen.

In dem großen Stich, den er später selbst einmal den *Eustachius* nennt (um 1501 [B. 57]), macht er zwar den ungeschickten Versuch, überquellenden Reichtum durch ein größeres Bildgefüge zu bändigen. Die eigentliche Schönheit dieses erstaunlichen Werkes, in dem offenbar Anregungen aus einem Bild des Pisanello verar-

Landschaft mit Weidenmühle. Um 1495–97. Wasserfarbe. Paris, Bibliothèque Nationale

beitet sind, erschließt sich erst ganz in den Einzelheiten, etwa in dem vor Lebendigkeit fiebernden, sitzenden Hund oder in der *Landschaft mit den Schwänen,* in der bereits der ganze Zauber der deutschen Romantik vorweggenommen erscheint. 1503, kurz nach dem *Eustachius,* sticht er das Blatt mit dem «Wappen des Todes» [B. 101], ein Werk, in dem ihm eine überlegene künstlerische Ordnung von betörendem Reichtum gelingt. Alle Formen sind hier in höchste Spannung zueinandergebracht. Wie hier das versonnene Antlitz des schönen jungen Weibes ganz dicht mit der züngelnden Haarwildnis des heimlich-unheimlichen Wildmannes verbunden wird, das gehört zu den großen Offenbarungen Dürers und der deutschen Kunst überhaupt.

DIE HOLZSCHNITTE ZUR «GEHEIMEN OFFENBARUNG DES JOHANNES»

Die erste Italien-Reise bedeutete einen wichtigen Einschnitt in der Entwicklung Dürers. Seine Landschaftsaquarelle beweisen, daß er nun fähig geworden war, die Einzelheiten der Natur: Berg, Wald und Fluß zu jener Einheit zusammenzusehen, die wir als «Landschaft» bezeichnen. Dürer steht damit der Welt als Einzelwesen betrachtend und schauend «gegenüber», er erscheint weitgehend abgelöst von ihr. Der herrliche «Rückenakt» von 1495 erweist, daß er

Hund. Vergrößerter Ausschnitt aus «Eustachius». Um 1500–03. Kupferstich

Landschaft. Vergrößerter Ausschnitt aus «Eustachius». Um 1500–03. Kupferstich

auch eine ganz neue Vorstellung vom menschlichen Körper gewonnen hatte, den er nun nicht mehr als ein individuelles «Gewächs», sondern aus dem Zusammenspiel der Glieder, als eine Art Architektur begriff. Das waren entscheidende Wandlungen, die sich in den wenigen Monaten vollzogen hatten. Aber wichtiger noch als die neue «Anschauung» der Welt, als die Erweiterung seiner Bildvorstellungen und seines Formbesitzes war sein Gewinn an «Weltoffenheit», die Hand in Hand ging mit einer weiteren Ablösung von den ihn immer noch beherrschenden mittelalterlichen Bindungen, die er nur dadurch überwinden konnte, daß er sich nochmals mit ihnen auseinandersetzte. So reifte das Werk heran, das niemand ihm auftragen und von dem ihn niemand entbinden konnte, ein Werk, das eine letzte geistige Durchdringung aller mittelalterlichen Weltanschauung bedeutet und das zugleich wie mit erzenen Pforten alle vorausgehende Kunst abschließt: Die Folge seiner fünfzehn mächtigen Holzschnitte zur «Geheimen Offenbarung des Johannes», der *Apokalypse.*

Gegen die unbändige Kraft und Größe dieser Blätter zur Apokalypse wirkt alles «Italienische», was Dürer aus Venedig mitbrachte, wie eine beiläufige Episode. In den gewaltigen Gesichten, die der junge Mann austragen mußte, entlädt sich wie unter Gewittern alle Unruhe, Furcht und Not der Zeit. Viele Menschen – auch Luther – glaubten am Ende des halben Jahrtausends an die Erfüllung der Zeiten, an den nahen Weltuntergang. Alle alten Ordnungen stürzen zusammen, und tiefgreifende geistige und soziale Umschichtungen beginnen sich abzuzeichnen. Die Bauern stehen auf, und zum erstenmal drängt der Mensch aus dem bergenden Schoß der allein das Heil verbürgenden Kirche in eine eigene Verantwortung, in eine existentielle Freiheit, die zugleich Einsamkeit bedeutet. Es ist der Anfang jenes Zeitalters, an dessen Ende wir stehen.

Seit der «Bamberger Apokalypse» um das Jahr 1000 sind die Deutschen auf eine geheimnisvolle Weise von diesen spätantiken Untergangsvisionen einer in ihren Grundfesten erschütterten Welt angezogen worden. Wenn ein einziges Werk stellvertretend für die ganze deutsche Kunst zeugen soll, dann kann es nur die *Apokalypse* Dürers sein, also die Bilder, die ein Deutscher zu den Gesichten eines jüdischen Sehers schuf. Die Holzschnitte bedeuten für uns das, was für die Italiener die Fresken Giottos in der Arena-Kapelle in Padua sind oder für die Franzosen die Gestalten der Königspforte in Chartres. Und sie stehen ihnen im Rang gewiß nicht nach.

Es gibt eine Reihe von Vorbildern der *Apokalypse,* die Dürer sehr wohl kannte, auch eine Holzschnittfolge in einem der Nürnberger Koberger-Drucke. Aber die kindlich-naiven Buchholzschnitte konnten ihm kaum etwas geben. Er mußte die schwebenden Gesichte, die so schwer faßbar waren, in wenige große, anschauliche Bilder zwingen, die greifbar wirklich erscheinen, aber doch noch die ganze Fülle der dunklen Geheimnisse bargen. Die kühnen Visionen müssen über eine lange Zeit sein ganzes Denken beherrscht haben – sie waren zu

Engelkampf. Ausschnitt aus der «Apokalypse». Holzschnitt, 1498

Johannes mit den sieben Leuchtern. Aus der «Apokalypse».
Holzschnitt, 1498

Die vier Reiter. Aus der «Apokalypse». Holzschnitt, 1498

Selbstbildnis, 1498. Gemälde. Madrid, Prado

jeder Stunde, ja noch im Traum gegenwärtig. Die Sprache, derer er sich bediente, ist von wilder, leidenschaftlicher Ausdruckskraft, von einem lodernden Pathos. Das Waffengeklirr und die Angstschreie der Gepeinigten auf einigen der Bilder werden übertönt von dem Donner jäher Naturgewalten. Alles ist in Aufruhr und Bewegung. Daneben verbreitet sich dann wieder eine dröhnende Stille, als hielte die Welt vor Angst den Atem an.

Dürer muß erlöst aufgeatmet haben, als er sich von der ungeheuren Bürde befreit hatte. Durch die *Apokalypse* wurde er mit einem Schlag weltberühmt, und es gibt kaum einen Künstler der Zeit, der sich dem Einfluß dieses gewaltigen Werkes ganz entziehen konnte. Nun war es nicht mehr nur der enge Kreis Nürnberger Freunde und Bewunderer, die von ihm wußten – jetzt hatte er sich der Welt vorgestellt, die ihn von nun an nie mehr vergaß.

DÜRERS SELBSTBILDNISSE IN MADRID UND MÜNCHEN

Der Dürer dieser Tage steht in dem schönsten und kostbarsten seiner Selbstbildnisse vor uns, in dem von 1498, das sich heute im Prado in Madrid befindet. Aber er erscheint hier nicht als ein dunkler Doktor Faustus, nicht als geheimnisumwitterter Mystiker, wie man nach der *Apokalypse* erwarten möchte, sondern als ein nach allerneuester venezianischer Mode in fast geckenhafter Eleganz gekleideter, höchst selbstbewußter «gentiluomo». Die bürgerlichen Bildnisse, etwa der Familie Tucher in Weimar und Kassel, die Dürer kurz darauf schuf, sind trocken und anspruchslos gegen diesen Aufwand an künstlerischen Mitteln. Kein Bild Dürers ist so reich instrumentiert, keines ist so streng und folgerichtig «gebaut», durch innere Architektur groß gemacht wie dieses lichte, strahlende Werk. Jede Abbildung des ungerahmten Bildes kann nur eine unvollkommene Vorstellung geben, denn als wichtiges Element war ein reicher, farbig gefaßter und vergoldeter Architekturrahmen mit in die künstlerische Gesamtrechnung einbezogen, von dem der nachempfundene Rahmen im Prado gar keine so schlechte Vorstellung vermittelt.

In dem Bild gibt Dürer aber viel mehr als nur eine äußere Schau. Man begreift das Werk erst dann, wenn es gelingt, die beiden geistigen Pole des Bildes zusammen zu sehen: das schmale, rassige Gesicht, neben dem die Alpenlandschaft wie eine gedämpfte Begleitmusik wirkt – dazu die gebändigte Kraft der wie Wurzelstöcke ineinander verknoteten Hände. Dann ist Dürer plötzlich da, ganz der Welt zugewandt und zugleich tief in sich ruhend. Dabei ist das gefältelte Hemd durchgezeichnet, wie man es seit Jan van Eyck nicht mehr sah. Und wie sind die fahlgelben Wildlederhandschuhe gemalt! Man muß schon auf Jan Vermeer vorgreifen, bis sich so etwas in der europäischen Malerei wieder zuträgt.

Nur zwei Jahre nach dem weltoffenen Madrider Selbstbildnis malte Dürer die rätselhafteste Schöpfung in seinem Gesamtwerk, das Münchner Selbstbildnis. Die Forschung hatte sich ein Jahrhundert lang vergeblich um dessen Deutung bemüht, bis das zugrunde liegende beziehungsreiche Bildgerüst gefunden und die geistesgeschichtlichen Hintergründe gedeutet werden konnten.[18]

Steht man vor der bannenden Bildtafel in der Alten Pinakothek, so ist unmittelbar zu spüren, daß Dürer hier nicht nur ein wirklichkeitsgetreues Abbild seiner selbst geben wollte, sondern daß es ihm auf eine Aussage besonderer Art, auf ein künstlerisches Bekenntnis ankam. Das geheimnisträchtige Bild hat deshalb den vielfältigsten Spekulationen einen weiten Spielraum geboten. So wurde auch immer wieder vermutet, daß Dürer mit diesem Bildnis, in dem Wölfflin «die Steigerung des Individuellen zu einem Idealen» sah, ein Musterbeispiel seiner Proportionslehre des Kopfes, etwa nach dem Schema des Vitruv, geben wollte, wobei die zufällige Erscheinungswirklichkeit in einem allgemeinen Schönheitskanon aufgegangen wäre.

Die ganz unberührt erhaltene Bildtafel trägt die echte Jahreszahl 1500. Es besteht kein Anlaß, daran zu zweifeln, daß die Tafel, wie Eduard Flechsig glaubhaft gemacht hat, zwischen dem 25. Dezember 1499 und dem 20. Mai 1500 gemalt wurde.[19] Wir wissen aber durch Dürer selbst, daß er zu diesem Zeitpunkt noch keinerlei Kenntnis von italienischen Proportionslehren hatte.

Auch dem flüchtigen Betrachter wird auffallen, daß der Kopf mit den wallenden Locken ein regelmäßiges Dreieck bildet. Bei einer genauen Vermessung am Original wurde festgestellt, daß es sich um ein gleichseitiges Dreieck handelt, dessen Spitze mit der Mitte des oberen Bildrandes zusammenfällt. Die Grundlinie des Dreiecks teilt dazu die Gesamthöhe der Bildtafel genau im goldenen Schnitt.[20]

Die feierliche Form des gleichseitigen Dreiecks, in dem sich das Lagernde und Aufstrebende, Masse und Kraft, Irdisches und Übersinnliches harmonisch zu verbinden scheinen, ist es vor allem, die dem Antlitz einen so beherrschenden Ausdruck von Erhabenheit und Größe verleiht. Daneben spürt man aber auch in den Einzelzügen eine starke, ordnende Kraft, ein geheimnisvolles Ebenmaß der Verhältnisse, das dem ganzen Werk trotz seiner schier greifbaren Lebensechtheit eine fast hieratische Strenge gibt.

Die Untersuchungen ergaben außerdem, daß die Höhe des Gesichtes nach einem uralten mittelalterlichen Schema in vier gleiche Teile geteilt ist, daß die Gesamthöhe des Kopfes sechs Teile ausmacht und daß Gesicht und Hals zwei Teile breit sind. Das Teilmaß wird durch den Abstand der Pupillenmittelpunkte bestimmt. Entscheidender ist es, daß der Kopf ähnlich harmonisch zu einem Kreis und einem Quadrat in Beziehung gesetzt ist, die ebenfalls aus den Grundmaßen gefügt sind.

Das gleiche Schema wurde in der mittelalterlichen Kunst, etwa bei Giotto oder Jan van Eyck, mit dem Bild Christi verbunden. Den geometrischen Urformen sind Grundmaße abgeleitet, die den gesamten Formenaufbau und insbesondere die Proportionen des Gesichtes bis in alle Einzelheiten bestimmen.

In seinen theoretischen Schriften verbindet Dürer mit dem Bild Christi das Bild des vollkommenen Menschen: *Dann zu gleicher Weis, wie sie die schonsten Gestalt eines Menschen haben zugemessen ihrem Abgott Abblo* (Apollo), *also wolln wir diesselb Moß* (Maße) *brauchen zu Crysto dem Herren, der das schönste aller Welt ist.*

Dürers ungewöhnliche Tat besteht darin, daß er die sakrale, dem Bild Christi zugeordnete Form, mit seinem eigenen Antlitz verbindet. Es ist das gewiß nicht der Ausdruck einer Hybris, wenn der tiefgläubige Dürer die uralte, beziehungsreiche Symbolik auf sein eigenes Bild anwendet. Kein Werk ist aufschlußreicher für das innerste Denkgefüge Dürers, denn hier, genau an der Schwelle der Neuzeit, versucht er mit dem hochaltertümlichen, mittelalterlichen Formgerüst das ideale Bild des neuen, universalen Menschen zu schaffen, so wie es auch Leonardo vorschwebte.

Dürers Münchner Selbstbildnis ist deshalb mit vordergründigen, ästhetischen Wertmaßstäben allein nicht zu erfassen. Es schließt die Summe mittelalterlicher Geistigkeit in sich, wie sie vor allem auch in den mathematisch-philosophischen Spekulationen des Nikolaus von Kues ihren deutlichsten Ausdruck gefunden hatte. Dürer erweist sich hier als ein Wissender, und an der Schwelle der Neuzeit, die dem von Gott abgelösten Menschen drohende Gefährdungen bringen wird, spricht sein Selbstbildnis noch einmal mit der ganzen feierlichen Macht und Größe eines alten, heiligen Kultbildes von der hohen, unzerstörbaren Würde des Menschenantlitzes, in dem sich der Glanz und die Vollendung des Göttlichen spiegeln.

Das ganze mittelalterliche Denken war von einer auf pythagoräische und neuplatonische Vorstellungen zurückgehende Zahlenmystik durchsetzt, von dem Trieb, «die Mathematik, die Wissenschaft von den Zahlen, mit der Religion, die Kunde des Absoluten, das völlig Abstrakte, mit dem völlig Seelenerfüllten zu verbinden» (Paul Th. Hoffmann). Danach war alle Ordnung in der Schöpfung durch gesetzmäßige Zahlenverbindungen ausdrückbar, die in eine geheimnisvolle Welt besonderer Zahlenzusammenhänge führten, in der sich ein Teil des göttlichen Seins und Wirkens entschleierte. Dabei stellten die geometrischen Grundformen, die zugleich die Archetypen des absolut Schönen sind, tiefe Sinnbilder der philosophischen Spekulationen und religiösen Mystik dar.[21]

In der Gestalt Christi war die menschliche Erscheinung in ihrer größten Vollkommenheit und Schönheit mit der übernatürlichen Schönheit des Göttlichen untrennbar verbunden. Im Bild Christi mußten deshalb alle Kennzeichen des makellos Schönen in vollkommener Weise enthalten sein. Durch das Erscheinungsbild mußte ein in sich ruhendes Absolutes hindurchschimmern, das dem Bild jenes Ebenmaß und jene Klarheit verleiht, die der Ausdruck göttlicher Vollendung ist.

Selbstbildnis, 1500. Gemälde. München, Alte Pinakothek

Das Selbstbildnis mit eingezeichnetem Formgerüst (Rekonstruktion Winzinger)

Willibald Pirckheimer war am 5. Dezember 1470 in Eichstädt zur Welt gekommen. Er verlebte aber seine Jugend in dem großen, zum Marktplatz hin geöffneten Herrenhaus in Nürnberg, in dessen schmalem Hinterhaus nicht ganz ein halbes Jahr später Albrecht Dürer geboren wurde. Es ist wohl nicht zu bezweifeln, daß die beiden Gleichaltrigen in frühester Kindheit zusammen spielten und daß die Verbindung anhielt, als die Familie Dürers später ein eigenes Haus bezog. Nur so erklärt sich auch der vertrauliche Ton der Briefe, die Dürer an den hochgestellten Freund aus Venedig schrieb.

Willibald Pirckheimer, der große Humanist und Weltmann, der zu den lichten Geistern des Zeitalters gehört, war die entscheidende Schlüsselfigur im Leben Dürers. Er übte auf dessen Weltbild einen kaum zu überschätzenden Einfluß aus, indem er ihm vor allem die Bildungselemente der Antike und Italiens vermittelte.

Die Pirckheimer erscheinen bereits in der Mitte des 14. Jahrhunderts unter den deutschen Kaufherren in Venedig. Thomas Pirckheimer, der Großonkel Willibalds, der an den berühmtesten Universitäten Italiens studiert hatte, war schon 1443 Rektor in Perugia. Ebenso wie Willibalds Großvater Hans, der in die vorderste Reihe der deutschen Frühhumanisten gehört, stand er dem Kreis des Philosophen Äneas Silvius Piccolomini nahe. Mit dem großen Nikolaus von Kues war er befreundet. Von dem gelehrten deutschen Kardinal, der zu den überragenden Geistern des ausgehenden Mittelalters gehört, gingen mächtige Wirkungen aus. Bedeutende Männer, wie der Kunsttheoretiker und Architekt Leon Battista Alberti – der mit Nikolaus persönlich bekannt war – und auch Leonardo empfingen von ihm unmittelbare Anregungen. Durch die Vermittlung Pirckheimers waren dessen Ideen sicherlich auch Dürer bekannt geworden, und gerade in seinem Münchner Selbstbildnis scheinen sich Vorstellungen des großen Denkers zu spiegeln.

Willibald selbst hatte seinen Vater seit seinem zehnten Lebensjahr auf seinen Gesandtschaftsreisen nach Italien begleitet, und er war von ihm schon frühzeitig am Mailänder Hof der Sforza eingeführt worden.

Pirckheimer hatte, kaum dem Kindesalter entwachsen, das Soldatenhandwerk gelernt; anfangs wollte er es sogar als Lebensberuf ergreifen. An der Seite des Kaisers hatte er an dem unglücklichen Schweizer Krieg teilgenommen und mehrmals Nürnberger Heerhaufen geführt. Später, als Ratsherr, war er für alle Wehrfragen der Stadt zuständig, zum Beispiel auch für die Anwerbung von Landsknechten. Als sich Venedig mit dem Papst und dem französischen König gegen Kaiser Maximilian I. verbündet hatte, berichtete ihm Dürer ausführlich über die Kriegsvorbereitungen der Republik, nicht ohne zu bemerken, daß der Kaiser wegen seiner Machtlosigkeit das Gespött der Venezianer herausfordere.

1488 war Willibald als Achtzehnjähriger nach Padua zum Stu-

Willibald Pirckheimer, 1524. Kupferstich (Ausschnitt)

dium an die Universität gekommen. Durch seine enge Freundschaft mit dem jungen Fürsten Giovanni Pico della Mirandola geriet er schon früh unter den Einfluß der Platoniker des Florentiner Kreises. Cosimo I. de' Medici hatte 1459 zusammen mit dem Philosophen Marsilio Ficino die platonische Akademie in Florenz gegründet, die gegen das Ende des Jahrhunderts zu großer Wirksamkeit und Weltberühmtheit gelangte. 1491 beauftragte der Vater Willibalds den Sohn, die Schriften des Philosophen Marsilio Ficino zu erwerben und nach Nürnberg zu schicken. Daß auch Dürer von den Schriften Kenntnis hatte, geht daraus hervor, daß er sich selbst auf *die inneren Ideen davon Plato schreibt* beruft und sich in seiner *Speis der Malerknaben* teilweise eng an Ficinos «Buch vom gesunden Leben» anlehnt.

Pirckheimer verließ Padua nach drei Jahren, um 1491 nach Pavia an die Universität der Mailänder Herzöge zu übersiedeln. Für seine

Bildung war der Umgang mit den hervorragenden Künstlern, Gelehrten, Dichtern und Technikern am Hof des Ludovico Sforza wahrscheinlich viel wichtiger als das Studium an der Universität. Unter diesen erlauchten Geistern begegnete ihm neben Bramante vor allem Leonardo da Vinci, der zum erstenmal von 1482 bis 1499, also gleichzeitig mit Pirckheimer, am herzoglichen Hof in Mailand weilte. Pirckheimer, der dort besonders wegen seiner musikalischen Fertigkeiten geschätzt wurde, hatte am Hofe zwei fürstliche Freunde, Galeazzo Visconti, der die Ghibellinen in Mailand anführte, und vor allem Giovanni Galeazzo de San Severino, den Schwiegersohn und ausgesprochenen Günstling des Herzogs, mit dem er bereits während der gemeinsamen Studienjahre in Pavia eng verbunden war.

Die Freundschaft ging so weit, daß de San Severino wahrscheinlich 1495 zur Hochzeit Pirckheimers nach Nürnberg kam. Mit Sicherheit hielt er sich aber im Sommer 1502 dort zu einem längeren Besuch auf.

Galeazzo war der besondere Gönner Leonardos. Man weiß, daß er dem von ihm hochverehrten Meister die Pferde aus seinen berühmten Stallungen als Modelle auslieh. Als Mitglied der Accademia Leonardo Vinci war Galeazzo mit den Gedankengängen und Forschungen Leonardos vollkommen vertraut. Obwohl sich Pirckheimer vor allem mit den alten Sprachen beschäftigte, ist es bei der Universalität seiner Interessen sicher, daß er an dem Wissen seines vertrauten Freundes Galeazzo großen Anteil hatte.

Willibald Pirckheimer war in Nürnberg der tagtägliche Gefährte Dürers, der das Löwenhaupt des großen, streitbaren und gelehrten Weltmannes, dessen Nasenbein bei einem Turnier gebrochen worden war, in mehreren Zeichnungen und in einem seiner herrlichsten Kupferstiche festhielt. In seinen Schriften weist Dürer mehrmals auf Pirckheimer als seinen Anreger und Förderer hin. Es verwundert deshalb nicht, daß er ihm seine *Proportionslehre* widmete, die nach Dürers eigenen Angaben auf Betreiben des Freundes verfaßt worden war. Andererseits widmete Pirckheimer sein Werk über die «Ethikoi Charakteres» des Theophrast von Eresos seinem Freund Dürer.

Es gibt nur wenige so lebendige und unmittelbare Zeugnisse aus dem Leben Dürers wie die zehn Briefe, die er an Pirckheimer aus Venedig schrieb. Sie verraten engste Vertrautheit. Pirckheimer hatte das Geld für die Reise vorgestreckt, und wenn Dürer schreibt: ... *jch hab kein anderen frewnt* (Freund) *awff erden den ewch ... wan* (denn) *jch halt ewch nit anderst den vür ein vater,* so ist das gewiß nicht nur eine Redensart.

Dürer erlaubt sich manche Anzüglichkeit, wenn er auf das offenbar recht freie Liebesleben Pirckheimers, der seit 1504 verwitwet war, anspielt: *Jr hand as vill pulschaft, vnd wen jr ein jtliche nun ein moll tzolt prawten* (als Braut nehmen?, gebrauchen), *jr vermochtetz jn eim monett vnd lenger nit czu ferpringen.* Das heißt also, Pirckheimer habe so viele Liebschaften, daß er in einem Monat und länger nicht durchkäme, wenn er jede nur einmal nehmen wolle.

Ein anderes Mal schreibt er: *Jr wolt awch ein erchter* (rechter) *seiden schwantz* (bunter Vogel, Geck) *werden vnd meint, wen jr nun den hurn* (Huren) *woll gefalt, so sey es aws gericht.* Dürer muß dem Freund köstliche Dinge besorgen, vor allem Edelsteine, Perlen, Teppiche, emaillierte Gläser, Schmuckfedern, neu erschienene Bücher und feines Papier. Mit den Perlen, Smaragden, Rubinen und Diamanten hat er größte Mühe, denn alle guten Sachen seien von den Deutschen bereits *awffgschnabt,* und vor den Händlern an der Riva sei er gewarnt worden, *sy bescheissen vich* (Vieh) *vnd lewtt* (Leute) und wollten vierfachen Gewinn. Man könne in Frankfurt bessere Dinge um weniger Geld kaufen als in Venedig. Unmutig meint Dürer einmal, er wäre froh, wenn Pirckheimer ihn mit den Ringen ungeschoren ließe: *Gefallens ewch nit, so precht jn den kopf ab vnd werftz jns scheishaws ... was meint jr, daz mir an eim sollichen tregwerk* (Dreck) *lich* (liegt).

Zugleich wünscht er, der Freund wäre bei ihm, es seien so viele artige Gesellen unter den Welschen, vernünftige, gelehrte Leute, gute Musiker und Kunstkenner, von edlem Gemüt und rechter Tugend, die ihm viel Ehre und Freundschaft erwiesen. Daneben gebe es aber auch untreue, verlogene und diebische Bösewichter, wie man sie sonst auf Erden nicht mehr finde. Er habe viele gute Freunde unter den Italienern, die ihn warnten, mit ihren Malern zu essen und zu trinken (wohl wegen der Gefahr einer Vergiftung). Unter ihnen seien viele feindlich gesinnt. Sie würden zwar seine Bilder kopieren, sooft sie könnten, gleichzeitig aber seine Arbeit schelten und behaupten, sie sei nicht von antikischer Art und darum nicht gut. Sonst habe er sich aber höchstes Lob zugezogen.

Als Dürer 1528 starb, bricht Pirckheimer in seiner lateinischen «Elegie auf den Heimgang Dürers» in die ergreifende Klage aus:

Der du mir so viele Jahre mein vertrauter Freund warst,
Albrecht, du bester Teil meiner Seele,
Mit dem ich holde Zwiesprache pflegen durfte,
Und dessen Busen ich unbekümmert jedes Wort anvertrauen konnte –

Es kann nicht den geringsten Zweifel geben, daß Dürer an der umfassenden Bildung seines Freundes Pirckheimer Anteil hatte. Von ihm muß er sein Wissen über die Kunst und die Forschungen Leonardos erhalten haben, Kenntnisse, die sich vielfältig in seinem Werk spiegeln. So haben neueste Untersuchungen klargestellt, daß zum Beispiel das Proportionsgerüst des Pferdes zu dem berühmten Stich Dürers *Ritter, Tod und Teufel* von Leonardo übernommen ist.[22] Man kann sich auch leicht vorstellen, wie ungestüm Dürer Galeazzo bedrängte, als er 1502 in Nürnberg weilte, in einer Zeit also, da er sich eifrig mit den menschlichen Proportionsstudien befaßte. Wahrscheinlich hat er durch dessen Vermittlung jene Zeichnungen Leonardos erhalten, die er später zum Teil nachbildete.

Eine der interessantesten Erscheinungen aus dem engsten Freundeskreis Dürers und Pirckheimers war Lorenz Beheim (um 1453–1521). Er war der Sohn eines Geschützgießers aus Nürnberg und lebte seit 1504 als Kanonikus in St. Stefan zu Bamberg. Seit den frühen achtziger Jahren bekleidete er das Amt eines Haushofmeisters des Kardinals Rodrigo Borgia in Rom. Als dieser 1492 als Alexander VI. den päpstlichen Thron bestieg, gehörte Beheim weiterhin zu den einflußreichsten Persönlichkeiten am Hof des berühmt-berüchtigten Borgia-Papstes. Wie später Leonardo da Vinci war Beheim vorher Kriegs-Ingenieur des päpstlichen Heerführers Cesare Borgia gewesen. Als Festungsbauer und Geschützmeister diente er auch dem Papst. Als Alexander VI. im Jahre 1503 starb, kehrte Beheim nach Deutschland zurück, wo er unter anderem eifrig Studien in Astrologie, Alchimie und Medizin betrieb. Seine zahlreichen Briefe an Pirckheimer bezeugen auch die enge Freundschaft mit Dürer. Mehrmals spottet er über dessen aufgedrehten Schnurrbart. So heißt es einmal: «Laßt mich wissen, ob er noch sein part spitz und tre», also ob er noch seinen Bart zuspitze und aufdrehe. Später besorgt er ihm sogar ein Rezept für ein wohlriechendes Bartwasser. In einem Brief vom 9. November 1506 bedankte er sich für eine Heilsalbe gegen «Morbus gallicus» (Syphilis), die ihm Pirckheimer übersandt hatte. Er spricht dabei von seinen eitrigen Wunden und den angefaulten, brandigen Beinen. Pirckheimer muß Dürer darüber geschrieben haben, denn in einem seiner Briefe aus Venedig läßt er ihn grüßen, indem er zugleich anführt: *Mir ist leid vür her Lorentz.*

Es kann gar keinen Zweifel geben, daß Dürer auch diesem weitgereisten Freund eine außerordentliche Erweiterung seiner Kenntnisse und Weltsicht verdankte. Beheim muß die wesentlichste Quelle für das Wissen gewesen sein, das Dürer später in seiner «Befestigungslehre» niederlegte, denn Beheim hatte bei der Anlage der Befestigungen des Kirchenstaates, besonders aber beim Umbau der Engelsburg durch Antonio da Sangallo d. Ä. (1455–1535) umfassende Erfahrungen auf diesem Gebiet gewonnen. Daß Beheim ein bedeutender Fachmann war, geht auch aus einer Liste von Fragen über Kriegstechnik und Verteidigung hervor, die Cesare Borgia an Lorenz Beheim geschickt hatte, und die sich im Nachlaß Pirckheimers fand.

Entscheidend für die Einstellung Dürers zur Reformation war wohl auch der Umstand, daß Beheim ihm sicherlich einen intimen Einblick in die verrotteten Zustände am päpstlichen Hof gab, so daß es nicht wundert, wenn er im Tagebuch der niederländischen Reise den *römisch stuhl* einmal als *der höllen porten* bezeichnete.

Konstruierte Akte. Feder. Dresden, Kupferstichkabinett

Adam und Eva, 1504. Kupferstich

Die Bekanntschaft mit dem venezianischen Maler Iacopo de' Barbari, den die Deutschen «Jacob Walch = den Welschen» nannten, war eine entscheidende Begegnung im Leben Dürers. Barbari, den Kaiser Maximilian I. am 8. April 1500 in Augsburg als «Contrafeter» (Bildnismaler) und «Illuministen» für ein Jahr in Dienst genommen hatte, tauchte zwölf Tage später in Nürnberg auf, und von ihm hörte Dürer – nach eigener Angabe – zum erstenmal von der Möglichkeit, den Menschen *aus der maß*, also nach einem Proportionsschema, zu machen. Dürer schreibt, daß er *keinen find, der do etwas beschriben hett van menschlicher mas zw machen, dan einen man Jacobus genent, van Venedig geporn, ein liblicher moler. Der wies mir man vnd weib, dy er aws der mas gemacht het.* Dürer fährt fort, daß er um dieses Wissen ein *new kunigraich* (neues Königreich) gegeben hätte, aber *diser forgemelt Jacobus wollte seinen grunt nit klerlich an tzeigen, das merkett ich woll an jm.*

Barbari rückte also mit seinem Wissen nicht heraus, und Dürer wandte sich deshalb, wohl auf den Rat Pirckheimers hin, den antiken Schriften des Vitruv zu, denn *der beschreibt ein wenig van der glidmas eines mans.* Dürer schildert anschaulich, wie er von beiden – Barbari und Vitruv – *seinen anfang* genommen habe und *dornoch aws meinen für nemen gesucht van dag zw dag* – danach also Tag für Tag aus eigenem Antrieb weitergeforscht habe. Man spürt aus den kargen Angaben Dürers die ungeheure Faszination, die von der Vorstellung ausging, das Bild des Menschen sei nach einem Kanon zu konstruieren.

Dürer hat in der Folgezeit in einem geradezu unfaßbaren Arbeitsaufwand tausend und aber tausend Messungen an nackten Körpern durchgeführt, in der Meinung, daß sich aus der unüberschaubaren Vielfalt individueller menschlicher Erscheinungen die vollkommene Gestalt des Menschen gewinnen ließe.

Er ist später von dieser Vorstellung abgegangen, mit der Begründung, daß die Menschen viele unterschiedliche Meinungen hätten und daß sie zu einer Zeit eine Gestalt *hübsch* fänden, während sie zu anderer Zeit eine andere dafür erwählten. Er befaßte sich deshalb mit verschiedenen Typen, *den weißen und schwarzen, den magern, feisten, linden und harten Menschen, stark oder schwach.* Es kann keinen Zweifel geben, daß Dürer im Laufe seines Lebens nicht nur eine umfassende Kenntnis der italienischen Kunst- und Proportionslehren erwarb, wie sie in den Schriften der Vitruv, Varro, Mario Equicola, Gauricus, Alberti, Pacioli und besonders Leonardos gegeben sind, sondern daß er in vieler Beziehung der Vollender all dieser Ansätze und Versuche der Italiener ist.

Seine *Vier Bücher von menschlicher Proportion* wurden erst kurz nach seinem Tode gedruckt, aber durch Jahrhunderte hindurch als Lehrbuch für werdende Künstler immer wieder aufgelegt und in fremde Sprachen übersetzt. Die Proportionslehre wirkt nüchtern, ja

Stehender Akt. Ausschnitt aus dem Kupferstich des Andrea Mategna «Bacchanal an der Weinkufe»

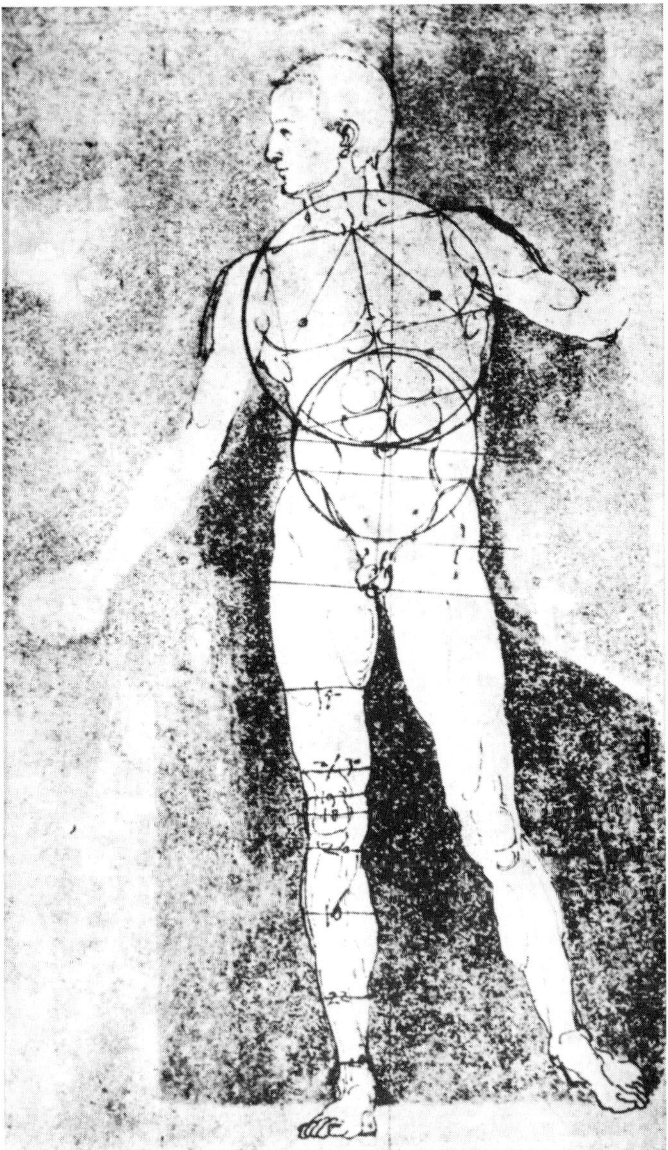

Proportionsstudie zum «Adam» des Stiches.
Feder. Wien, Albertina

schulmeisterlich, wenn man in ihr nur eine Art Eselsbrücke zum Aktzeichnen sieht. Aber die ungeheure Anstrengung Dürers gründet sich auf seine platonische Überzeugung, daß sich hinter der getrübten Erscheinung das absolut Schöne verberge, das meßbar, ja geradezu in einer Formel zu erfassen sei. Die vorzüglichste Aufgabe des Künstlers wäre es, die absolute Schönheit sichtbar zu machen.

Nichts offenbart so sehr die Größe dieses Mannes, der sich nach unsagbaren Mühen eingesteht, daß er an der Aufgabe gescheitert sei: *Waß aber dy schonheit seÿ, daz weis jch nit.*

Das erste gültige Ergebnis seiner Proportionsstudien legte Dürer schon überraschend früh in seinem Stich des ersten Menschenpaares von 1504 vor. Der Stich zählt zweifellos zu seinen großen Meisterwerken. Aber ungleich größer ist seine Bedeutung als geistesgeschichtliches Dokument, denn das Werk verkörpert die Gegenwelt zu aller mittelalterlichen Kunst, vor allem zu den Holzschnitten der *Apokalypse,* die Dürer erst so kurze Zeit vorher geschaffen hatte. Hier hat sich eine ganz neue Vorstellung von «Schönheit» Bahn gebrochen. Zum erstenmal gibt sich das Nackte in der Kunst des Nordens frei bewegt und fast unbefangen, in natürlicher Anmut. Dürer hat hier von dem uralt mittelmeerischen Erbe Besitz ergriffen, und damit überschreitet seine Kunst alle nationale Beschränktheit, sie gewinnt abendländischen Rang.

WERKE VOR DER ZWEITEN ITALIEN-REISE

Kurz vor Dürers zweiter Reise nach Italien entstehen drei bedeutsame Werke: Der *Paumgartner-Altar* (um 1503, München), der prachtvolle *Dreikönigs-Altar* von 1504 (Florenz) sowie die elf Blätter der *Grünen Passion* (Wien), die vielleicht um den großen *Kalvarienberg* angeordnet waren. Dieser wurde 1628 aus der kaiserlichen Sammlung dem Schwiegersohn Cosimos II. de' Medici geschenkt und befindet sich noch heute in Florenz.

Der *Paumgartner-Altar* wurde wohl zum Gedächtnis für den 1503 verstorbenen Martin Paumgartner von den beiden Söhnen Stefan und Lukas gestiftet. Auf den Flügeln sind die Heiligen Georg und Eustachius in ganzer Gestalt dargestellt, und es ist glaubwürdig überliefert, daß sie die Züge der beiden Söhne tragen. Die Standflügel zu dem Altar mit den Heiligen Barbara und Katharina, die sich in der Stadtpfarrkirche in Schwabach befinden, malte Dürers Schüler Hans Baldung Grien.

Die lichte Mitteltafel bietet eine Fülle kostbar gemalter Einzelheiten, doch wird die Gesamtwirkung stark beeinträchtigt durch die überanstrengte Perspektive, die das Auge übermächtig in die Tiefe zwingt. Die Gestalten werden von der schwerfällig lastenden Architektur eingezwängt. Das Vordach, das die Muttergottes durch die Rahmung und Absonderung bedeutend machen soll, teilt mit seinen

Hl. Eustachius.
Rechter Flügel des
Paumgartner-Altares.
Gemälde.
München, Alte Pinakothek

«Anbetung der Heiligen Drei Könige», 1504. Gemälde. Florenz, Uffizien

Stützen das Bild ungeschickt in der Mitte und trennt außerdem die Hauptgruppe ab. Der weitaus schönste Teil des Altares sind die beiden heiligen Ritter auf den Flügeln, deren leuchtend zinnoberfarbenes Gewand vor dem dunklen Hintergrund ungemein festlich wirkt. Sie erscheinen viel gelöster, und in ihrem freien Stehen spürt man den großen Gewinn der Proportionsstudien, die Dürer damals besonders eingehend betrieb.

Wesentlich glücklicher ist die gelenkigere Ruinenarchitektur auf dem *Dreikönigs-Altar*, dessen Mitteltafel sich heute in den Uffizien in Florenz befindet, während die Flügel in München, Frankfurt und Köln aufbewahrt werden.[23]

Auch bei der *Anbetung der Könige* sind die Architekturteile zu den Gestalten in enge Verbindung gebracht. Aber nicht nur das ganze Bild wirkt gelockerter, auch um die einzelnen Gestalten, besonders um den stehenden Mohrenkönig, ist nun Raum. Der Abstand in der Entwicklung zu dem kurz vorher entstandenen *Paumgartner-Altar* ist fast nicht zu erklären. Dürer muß in dieser Zeit Anregungen von der Kunst Leonardos empfangen haben – vielleicht über dessen Freund und Gönner Galeazzo de San Severino, der 1502 bei Pirckheimer in Nürnberg war –, denn kein Gemälde Dürers steht der Kunst Leonardos näher als dieses überaus festliche Werk. Es wirkt ganz «italienisch», wie eine erste Ankündigung des *Rosenkranzfestes,* das er zwei Jahre später in Venedig malt. Die strahlende Bildtafel stammt aus der Schloßkirche in Wittenberg. Sie muß in der

Gefangennahme Christi. Um 1504/05. Feder. Berlin, Kupferstichkabinett

strengen Luft des Nordens wie ein dorthin verschlagener, exotischer Zugvogel gewirkt haben.

Die sogenannte *Grüne Passion* ist mit der Feder in Schwarz und Weiß auf olivgrün grundiertem Papier ausgeführt. Da die überaus sorgfältige Reinzeichnung und Weißhöhung auf dem präparierten Grund jede nachträgliche Verbesserung ausschließt, ist der Freizügigkeit der Hand eine hemmende Fessel angelegt. Deshalb ist das meisterliche Hauptwerk Dürers trotz der sorgfältigen Begründung der Zuschreibung durch Joseph Meder[24] ganz zu Unrecht immer wieder angezweifelt worden. Die außerordentliche künstlerische Reife, die von keinem Meister aus der Umgebung Dürers auch nur annähernd erreicht wird, alle Vorstudien und Pausen sowie die Arbeitsspuren lassen die elf erhaltenen Blätter mit dem *Kalvarienberg* in Florenz als eigenhändige Arbeiten Dürers erkennen.

DIE ZWEITE ITALIEN-REISE

1505, elf Jahre nach seiner ersten Reise, machte sich Dürer erneut nach Venedig auf. Auch diesmal scheint die Pest, die noch viel wütender als zur Zeit seiner ersten Reise um sich schlug, der unmittelbare Anlaß gewesen zu sein. Unter dem Eindruck der Schrecken zeichnete Dürer mit rauher Kohle den *König Tod zu Pferde.* Wer es sich leisten konnte, floh aus der Stadt, und manches läßt darauf schließen, daß auch Dürer sich Hals über Kopf davonmachte. Einen großen Kreuzigungs-Altar – den Ober St. Veiter Altar (Wien) –, der in Arbeit war, ließ er im Stich und übergab ihn seinem Werkstattgehilfen Hans Schäufelein zur Ausführung. Zu dem «beschlossen gart» des Ulrich Pinder, der mit Hunderten von Holzschnitten aus der Dürer-Werkstatt ausgestattet war, steuert er selbst nur zwei belanglose Blätter bei. Seinen Stich mit dem *Heiligen Georg zu Pferde,* der gerade fertig war, brachte er nicht mehr in den Handel und änderte später die Jahreszahl 1505 in 1508 um.

Dürer verließ Nürnberg anscheinend noch vor dem Beginn der Frankfurter Messe am 24. August, auf der seine Frau seine Graphik ausbieten mußte. Wahrscheinlich war auch die Reise schon längere Zeit geplant gewesen. Vielleicht hatte man ihm bereits den Auftrag für das große Altarbild in Aussicht gestellt, das die deutschen Handelsherren in Venedig für ihre Kirche San Bartolomeo stiften wollten. Als Vermittler des Auftrags scheint der gelehrte Humanist und Sammler Konrad Peutinger eine Rolle gespielt zu haben. Jedenfalls hielt sich Dürer auf der Hinreise nach Venedig längere Zeit bei ihm in Augsburg auf, und er verewigte Peutinger, indem er ihn neben sich auf dem *Rosenkranzbild* darstellte.

Obwohl Dürer bereits ein berühmter, erfolgreicher Künstler war, mußte ihm Pirckheimer das Geld für die Reise vorstrecken. Dürer hatte nach Venedig außerdem neun kleine Bildtäfelchen mitge-

«König Tod zu Pferde», 1505. Kohle. London, British Museum

bracht, die um je etwa 9 Dukaten reißend weggingen. Sicher führte er auch eine Mappe seiner Holzschnitte und Kupferstiche mit sich, die, weithin bekannt, schon damals in Italien vielfach kopiert wurden.

Dürer wohnte in Venedig in dem Gasthof seines deutschen Landsmannes Peter Pander. Mehrmals verlängerte er seinen Aufenthalt. Im letzten der zehn Briefe an Pirckheimer kündigt er an, daß er etwa am 23. Oktober 1506 nach Bologna zu reiten gedächte, da ihn dort einer die Perspektive lehren wolle.[25] Acht oder zehn Tage später, also Anfang November, möchte er dann wieder nach Venedig zurückreisen und danach mit der nächsten Post – also noch vor Anbruch des Winters – nach Nürnberg zurückkehren.

Nun gibt es in Wolfenbüttel eine Ausgabe des Euklid, auf deren Titelblatt Dürer eigenhändig schrieb, daß er das Buch in Venedig um 8 Dukaten *im 1507 jor* gekauft habe. Es ist auch bekannt, daß Dürer auf der Rückreise von Italien erst im Februar 1507 durch Augsburg kam und nicht vor dem März urkundlich wieder in Nürnberg nachweisbar ist. Er muß also seine Reisepläne einschneidend geändert haben.

Seitdem nun bei der Reinigung von Dürers Bildtafel *Jesus unter den Schriftgelehrten* in Lugano auf dem Inschriftzettel ein: *F. Romae* (= fecit Romae [in Rom gefertigt]) sichtbar geworden ist, steht es fest, daß Dürer in der Zwischenzeit auch kurze Zeit in Rom war.[26] In den Tagen, als er sich in Bologna aufhielt, ritt Papst Julius II. am 6. November als Triumphator in die Stadt ein. Kurze Zeit darauf folgte ihm Michelangelo, der ein Jahr später mit der Ausmalung der Sixtinischen Kapelle begann.[27]

Wir wissen aus der berühmten Rede des Christoph Scheurl, die dieser 1508 vor seinen deutschen Landsleuten zum Lobe Germaniens und Nürnbergs hielt, wie begeistert Dürer in Bologna von der gesamten Künstlerschaft unter Führung des Francesco Francia empfangen und als «zweiter Apelles» überschwenglich begrüßt worden war. Es ist anzunehmen, daß er als berühmter Künstler damals dem Papst vorgestellt und von diesem nach Rom eingeladen wurde. Dabei müßte er durch Florenz gekommen sein und vielleicht Raffael getroffen haben, der sich dort von 1504 bis 1508 aufhielt und mit dem er später Arbeiten austauschte. Tatsächlich scheint die *Himmelfahrt Mariä* des *Heller-Altares* von 1509 ohne Dürers Kenntnis von Raffaels «Krönung Mariä» von 1503 in Rom nicht gut denkbar.

Daß Dürer von Anfang an die Absicht hatte, auch nach Rom zu reisen, geht aus dem Brief hervor, den er am 18. August 1506 an Pirckheimer schrieb und in dem er anführt, daß er Maximilian I. auf seiner Romfahrt begleiten wolle. Diese wurde aber durch die Venezianer vereitelt.

Außer dem mächtigen «Rosenkranzbild» hatte Dürer die *Madonna mit dem Zeisig* in Berlin, eine weitere *Muttergottes mit Kind,* die erst jüngst in einem italienischen Kloster auftauchte, sowie mindestens ein halbes Dutzend Bildnisse gemalt. Als Vorbereitung zu seinen großen Bildern, vor allem zum *Rosenkranzfest,* hat er sehr sorgfältige weißgehöhte Pinselzeichnungen auf blauem venezianischem Papier ausgeführt. Die Vorstudien für die große Bildtafel in Lugano mit *Jesus unter den Schriftgelehrten,* die er nach eigener Angabe auf dem aufgemalten Zettel – *Opus quinque dierum* – in fünf Tagen in Rom anfertigte, entstanden aber gleichzeitig mit den Vorstudien zum *Rosenkranzfest* bereits in Venedig.[28]

DAS «ROSENKRANZFEST»

Die Muttergottes des *Rosenkranzfestes* thront in reicher venezianischer Kleidung vor einem Baldachin in einer durchsonnten Frühlingslandschaft, die im Hintergrund durch hohe Alpengipfel abgeschlossen wird. Anbetend vor ihr kniet die gesamte Christenheit, vertreten durch die einzelnen Stände: Ritter, Kaufleute, Bürger und Handwerker, angeführt von Papst Julius II. und Kaiser Maximilian I. Zu Füßen der Muttergottes spielt ein «venezianischer Lautenengel», während zwei fliegende Kinderengel eine prächtige Krone schwebend über ihrem Haupte halten. Die Muttergottes und das Jesuskind, unterstützt vom heiligen Dominikus und weiteren klei-

Baumeister Hieronymus. Ausschnitt. Vorzeichnung zum «Rosenkranzfest». 1506. Pinsel. Berlin, Kupferstichkabinett

nen Engeln, verteilen Rosenkränze. Die Darstellung knüpft an den Kult der Rosenkranzverehrung an, den besonders die Dominikaner seit dem 15. Jahrhundert in Deutschland zur Blüte gebracht hatten. Es zeugt für die Liberalität der Venezianer und für die Unabhängigkeit der deutschen Kaufmannschaft, daß Dürer auf dieser repräsentativen Tafel einen der größten Widersacher Venedigs, den deutschen Kaiser, an so bevorzugter Stelle darstellen konnte. Die Muttergottes setzt ihm den Rosenkranz aufs Haupt, während sich das Jesuskind anschickt, das Haupt des Papstes zu bekränzen. Die Gesichter der anderen Figuren sind derart scharf individuell erfaßt, daß es sich nur um Bildnisse von Mitgliedern der deutschen Kolonie in Venedig handeln kann. Unter den Knienden befindet sich am rechten Rand auch der Baumeister Hieronymus, der den Fondaco dei Tede-

«Das Rosenkranzfest», 1506. Gemälde. Prag, Nationalgalerie

schi errichtete. Die Vorzeichnung dazu zählt zu Dürers größten Meisterwerken.

Für die mächtige Bildtafel erhielt Dürer 110 Gulden. Er muß atemlos daran gearbeitet haben, wenn man den geradezu unglaublichen künstlerischen Aufwand des Werkes in Betracht zieht. Das Bild wurde später von dem leidenschaftlichen Dürer-Sammler Kaiser Rudolf II. erworben. Um es unbeschädigt nach Prag zu bekommen, ließ dieser es auf einer Tragbahre auf den Schultern starker Männer über die Alpen tragen. Das Bild wurde später bei einem Brand schwer beschädigt und ist in seinem heutigen Zustand nur noch eine Ruine.[29] So fehlt gerade in der Mitte der Bildtafel ein breiter Streifen. Der Kopf der Maria, das Kind und der Lautenengel sind später von einem nur mäßig begabten Restaurator neu gemalt worden. Diejenigen Stellen, die noch einigermaßen unberührt erhalten sind, etwa der Mantel des Papstes oder Teile des Baumschlags, zeigen eine Schönheit der Malerei, die im Werk Dürers einzig dasteht. Dürer hat mit dieser deutschen «Santa Conversazione» endgültig alle gotische Enge abgestreift. Die Gestalten geben sich groß, frei und gelöst, und die Malerei erreicht einen Schmelz, der sie von der manchmal harten Lokalfarbigkeit anderer Gemälde Dürers unterscheidet. Über das ganze Bild breitet sich ein Goldton, der die giorgioneske Pracht der Farbe und den unglaublichen Reichtum an sorgfältig durchgebildeten, kostbaren Einzelheiten zu einer großen Einheit zusammenfaßt. Es ist, als wäre unter der südlichen Sonne der Reif getaut, der manche Bilder Dürers zu überziehen scheint. In Venedig ist er zum großen Maler geworden.

Es ist kaum zu glauben, daß der gleiche Dürer, der ein knappes Jahrzehnt vorher die wilderregten Holzschnitte der *Apokalypse* geschaffen hatte, der Maler des *Rosenkranzfestes* sein soll, in dem er die Gestaltungsmittel der italienischen Hochrenaissance mit überlegener Gelassenheit beherrscht. Den drängenden Visionen der *Geheimen Offenbarung*, die sich einer aufrührerischen Sprache bedienen, steht nun eine geläuterte Wirklichkeit gegenüber, die sich wie selbstverständlich in eine strenggebaute, geometrische Bildanordnung einfügt.[30] Der Mensch ist nicht mehr als hilfloses Geschöpf chaotischen Kräften ausgeliefert – er gibt sich selbstbewußt als scharf umrissene, in sich ruhende Einzelpersönlichkeit in der ganzen prallen Pracht irdischer Erscheinung. Dürer, der gerade noch zutiefst aufgewühlt die Sprache des Nordens mit fast zerstörerischer Gewalt gebraucht, überläßt sich nun bedingungslos welscher «bellezza», in einem Glanz der Farbe, der selbst für venezianische Verhältnisse ungewöhnlich ist.

Man möchte meinen, daß dieser Auftrag, gleichsam in der Höhle des Löwen, über die Kräfte des jungen Malers gehen müßte, so daß nur eine blasse, nachempfundene Sache herauskommen könnte. Davon kann aber keine Rede sein. Das Werk zeigt, daß Dürers Kunst schon ganz von Anfang an auf Größe hin angelegt ist. Es läßt ahnen, was es für Dürer bedeutet hätte, große Wände zu bemalen.

Es war sein Verhängnis, daß großformatige Aufträge zeit seines Lebens fast ganz ausblieben. Am 8. September 1506, als er das *Rosenkranzfest* fertiggestellt hatte, schrieb er voll Stolz an seinen Freund Pirckheimer:

Vnd jch hab awch dy moler all geschtilt (gestillt, besänftigt), *dy do sagten, jm stechen wer jch gut, aber jm molen west jch nit mit farben vm zw gen* (umzugehen); *Jtz spricht jder man, sy haben schoner farben nie gesehen.*

Der Ruhm der großen Tafel verbreitete sich rasch in Venedig. In Begleitung des Patriarchen von Venedig kam sogar der Doge Leonardo Loredano in Dürers Werkstatt. Er war von dem Werk so begeistert, daß er Dürer einen Jahressold von 200 Gulden ohne jede Gegenleistung bot, wenn dieser nur in Venedig bleiben wollte – die gleiche Summe also, die ihm seine Frau mit in die Ehe gebracht hatte. Wichtiger war es, daß auch das Haupt der venezianischen Malerschule, der greise Giovanni Bellini, den Dürer immer noch für den Besten in der Malerei hielt, dem jungen deutschen Maler seine Reverenz erwies. Es wird überliefert, daß auch der damals fünfundsiebzigjährige Andrea Mantegna Dürer sehen wollte. Offenbar hatte Dürer vor, ihn auf seiner Rückreise nach Deutschland in Mantua zu besuchen. Da aber Mantegna schon vorher, am 13. September 1506, starb, kam es – ähnlich wie bei Schongauer – nicht zu dieser Begegnung.

Ein weiteres Zeugnis der Wertschätzung durch die venezianischen Künstler bildet das Wandbild, das Giulio Campagnola 1506 in der Scuola del Carmine in Padua malte, denn dort erscheint der bärtige Dürer mit schwarzem Barett inmitten bedeutender Persönlichkeiten.[31]

Trotz des italienischen Grundmusters hat sich das *Rosenkranzfest* ausgesprochen deutsche Züge bewahrt. Sie äußern sich deutlich in der Art, wie sich die Gruppen der Menschen ineinander verzahnen und mit der herrlichen Landschaft verbunden sind. Während die Italiener auch in ihren Bildnissen stets von vorgeprägten Formmustern ausgehen, ist jedes dieser ernsten Männergesichter wie von innen heraus geformt.

NACH DER ITALIEN-REISE

Nach dem Tode des Vaters 1502 hatte Dürer die Sorge für seine Mutter und seinen damals zwölfjährigen Bruder Hans übernommen. Wahrscheinlich hatte er schon vorher den Vater in seinen letzten Lebensjahren unterstützt und später auch für seinen Bruder Andreas gesorgt. Vor der Reise hatte Dürer der Mutter 10 Gulden gegeben und mehrmals Geld aus Venedig für die Familie nach Hause geschickt oder anweisen lassen. Außerdem kam eine Schuld von 12 Gulden ein und das Geld aus dem Verkauf der Graphik. Einmal klagt Dürer in einem Brief an Pirckheimer: *Für mich selbst wär ich unverdorben,*

Dürers Wohnhaus in Nürnberg (Bildmitte). Foto Winzinger

aber Viele zu ernähren ist mir zu schwer. So war vor allem auch der materielle Gewinn seines venezianischen Aufenthalts für ihn von Wichtigkeit. Er konnte nicht nur das bei Pirckheimer ausgeliehene Geld zurückzahlen und die Hypothek von 100 Gulden ablösen, die noch auf dem väterlichen Haus lag, sondern er erwarb auch zwei Jahre später von den Erben des Astronomen Bernhard Walter das große Haus am Tiergärtnertor, das heute als «Dürerhaus» bekannt ist. 1512 erwarb er für 90 Gulden von einem gewissen Baner das Tiergärtnertor dazu, das bei seinem Haus lag. 1518 löste er bei seinem Bruder Andreas dessen Anteil an dem vom Vater gemeinsam ererbten Haus ab.

Man kann mit einem gewissen Recht einwenden, daß in dem «Adam-und-Eva-Stich» von 1504 die Gestalten durch das konstruierte Formgerüst ein wenig zu einem «lebenden Bild» erstarren. Nur drei Jahre später, gleich nach der zweiten italienischen Reise,

malte Dürer das erste Menschenpaar in den zwei großen Bildtafeln in Madrid, die der spanische König Philipp IV. einst von der Königin Christine von Schweden zum Geschenk erhielt. Es ist wirklich ein Geschenk für Könige!

Niemals vorher waren in der deutschen Kunst auch nur annähernd lebensgroße Akte gemalt worden. Dürer meistert jetzt mühelos dieses kühne Wagnis. Die beiden Tafeln haben ein größeres Format als das *Rosenkranzfest* und übertreffen in den Maßen sogar noch die *Vier Apostel*. Es ist aufschlußreich, wie nach dem zweiten Italien-Erlebnis nun alle Hemmung völlig überwunden ist. Die beiden jugendlichen Gestalten mit ihren unbeschreiblich schönen Köpfen sind fast tänzerisch bewegt, in herrlich gelöster, ganz unbefangener Nacktheit. Dabei ist das Thema eigentlich nur ein Vorwand – erst in Baldungs berühmtem Holzschnitt von 1519 werden die beiden Gestalten durch die Sünde aneinandergekettet. Vor dem dunklen Hintergrund kommen die in großen Rhythmen zusammenschwingenden Umrisse zu stärkster Wirkung – trotz aller italienischer Gebärde also eine ausgesprochen deutsche Schöpfung. Man sieht es deutlich, daß Dürer noch die Bilder der großen Venezianer im Auge hat, und so tritt bei ihm das zeichnerische Element zugunsten einer reinen Farbigkeit zurück. Besonders der Körper der Eva blüht geradezu auf aus reiner Farbe, die von einem warmen, venezianischen Goldton überspielt wird, der an Giorgione und den frühen Tizian erinnert. Selbst die kapriziösesten Akte Lucas Cranachs wirken dagegen hausbacken. Auch ein so machtvolles Bild wie die große, ganz nackte «Judith» Baldungs in Nürnberg wirkt steif und ledern gegen diese bei Dürer nur selten zu beobachtende warme Sinnlichkeit. Wenn man Dürer als Maler erleben will, muß man diese zwei viel zu wenig bekannten Bildtafeln in Madrid erleben. Überhaupt ist ein Besuch des Prado ganz und gar unerläßlich, denn an beiden Seiten der herrlichen Tafeln hängen das festliche Selbstbildnis von 1498 und das düstergroße Männerbildnis von 1524, das mit seiner bedrängenden, dunklen Macht sich jedem Bildnis des jüngeren Holbein an die Seite stellen kann.

Gleich nach seiner Rückkehr aus Venedig gab ihm sein alter Gönner, der sächsische Kurfürst Friedrich III. der Weise, den Auftrag, eine *Marter der Zehntausend* zu malen. Das Bild war für die Schloßkirche in Wittenberg bestimmt, wo er eine umfangreiche Sammlung von Märtyrerreliquien aufgestellt hatte.

Die miniaturartige Durchführung steht zu dem Format des etwa einen Meter hohen Bildes in auffallendem Gegensatz. In ähnlich kostbarer Malerei wie ein niederländisches Stundenbuch sind unzählige Gestalten zu den gräßlichsten Marterszenen verbunden. Selbst der schöne Landschaftsausschnitt besteht eigentlich nur aus einer Summe einzelner Baumwesen. Das Auge wird nicht geführt, es läßt nur ein Ablesen der Einzelheiten zu, keine Gesamtschau wie etwa in der «Alexanderschlacht» Altdorfers, bei der ebenfalls alle Einzelheiten bis zu den Nieten der Ritterrüstungen dargestellt sind. So ist das überaus sorgfältig gemalte Bild, an dem Dürer nach eigener Aussage ein Jahr arbeitete, nichts anderes als ein farbenprächtiges, kurioses Kunstkammerstück, wahrscheinlich genau das, was der sächsische Kurfürst erwartete.

Wie weit ist Dürer nun wieder von der Freiheit seiner Aquarelle der ersten italienischen Reise entfernt! Man möchte es kaum glauben, daß fast zur gleichen Zeit die zwei mächtigen Bildtafeln mit Adam und Eva in Madrid entstehen konnten.

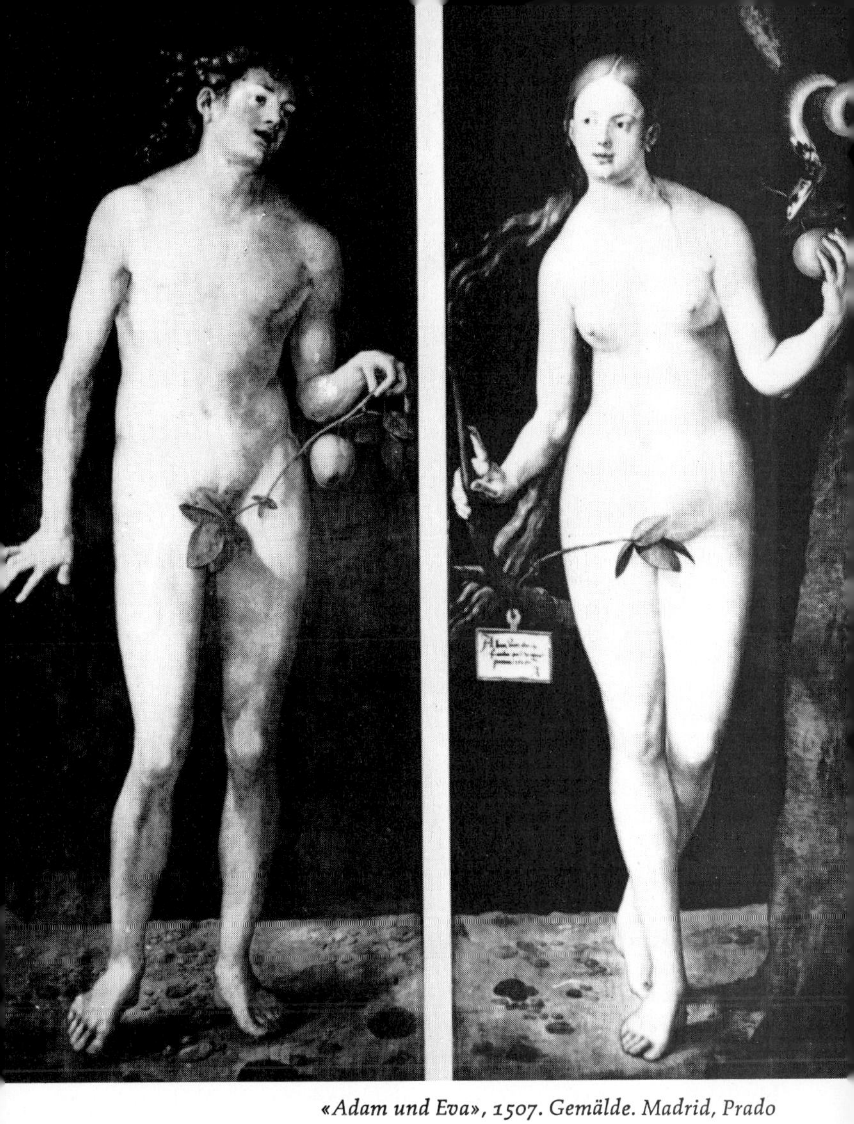

«Adam und Eva», 1507. Gemälde. Madrid, Prado

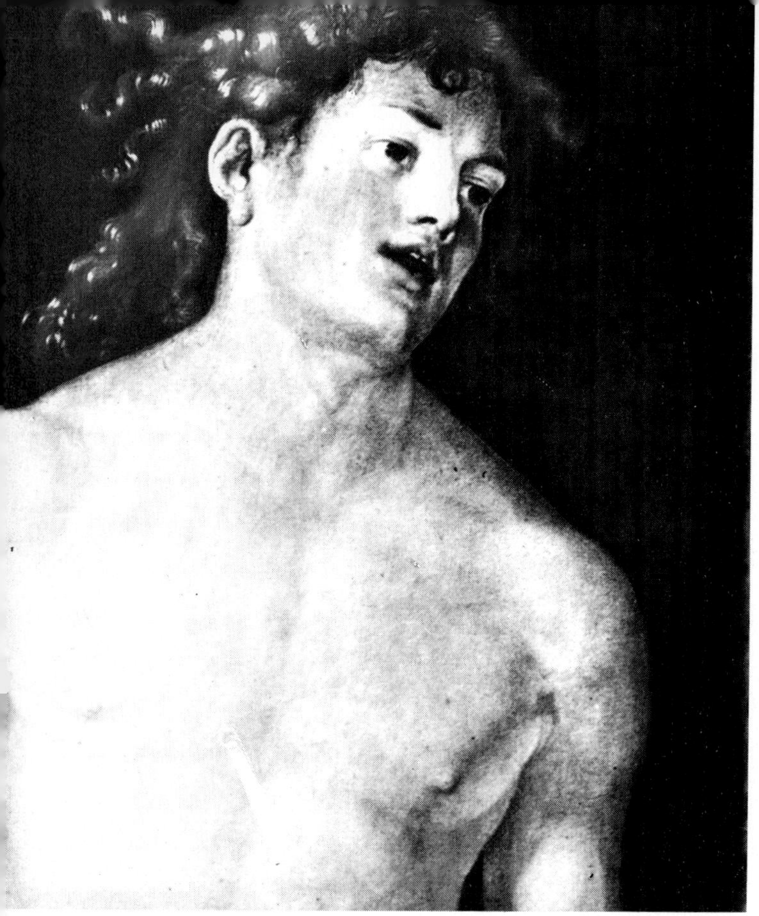

Adam. Ausschnitt

DER HELLER-ALTAR

Das *Rosenkranzfest*, das Dürer in Venedig gemalt hatte, war sein bis dahin bedeutendstes Gemälde. Bald nach der Rückkehr sollte er im Auftrag des reichen Frankfurter Tuchhändlers und Ratsherrn Jakob Heller einen großen Flügelaltar für die Dominikanerkirche in Frankfurt malen.

Neun Briefe Dürers an Heller, die sich in Abschriften erhalten haben, geben Aufschluß über den Fortgang der Arbeit bis zur Fertigstellung im Sommer 1509. Es scheint, daß schon 1503 über den Auftrag verhandelt worden war; die Arbeit begann aber erst nach der

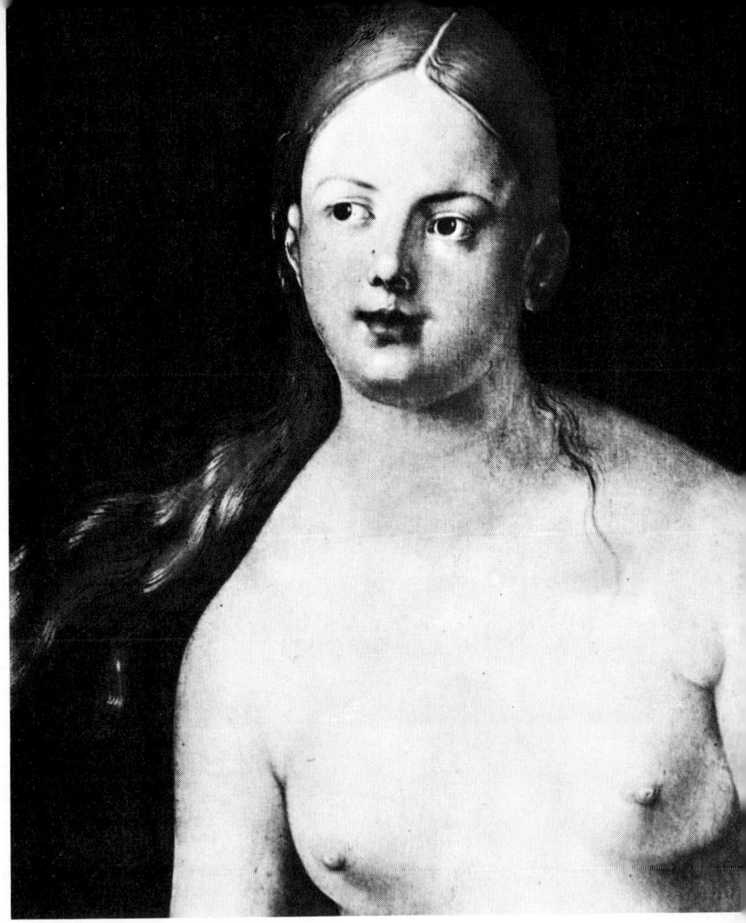

Eva. Ausschnitt

Marter der Zehntausend für den sächsischen Kurfürsten. Die höchst genauen, gehöhten Vorzeichnungen für den *Heller-Altar* stammen alle aus dem Jahre 1508.

Auf der großen Mitteltafel, die Dürer nach eigenem Zeugnis völlig eigenhändig ausgeführt hatte, war die *Himmelfahrt und Krönung Mariä* dargestellt. Die doppelseitig bemalten Flügel mit den Bildnissen der Stifter, mit Märtyrerszenen und männlichen Heiligen hat Dürer seinen Schülern, vor allem Hans von Kulmbach, anvertraut. Offenbar ohne Zutun Dürers ließ Heller den Altar durch zwei Standflügel ergänzen, auf die Grünewald jeweils übereinander zwei Heilige in Grisaille malte.[32]

Krönung der Maria. Kopie nach der verbrannten Mitteltafel des Heller-Altares von 1509. Zeichnung. Frankfurt, Städelsches Kunstinstitut

Die machtvolle Mitteltafel wurde 1615 von den Dominikanern dem bayerischen Kurfürsten Maximilian I. verkauft und 1729 bei einem Residenzbrand in München zerstört. Durch eine mäßige, aber getreue frühe Kopie von Jobst Haarich in Frankfurt kann man eine Vorstellung von diesem Hauptwerk der Malerei Dürers gewinnen.

Die Mitteltafel des Altares mit der *Himmelfahrt und Krönung Mariä* teilt Dürer in einen irdischen und einen himmlischen Bereich. Hinter den zwei mächtigen Gestalten von Petrus und Paulus reihen sich die von dem Wunder bewegten Gestalten der übrigen Apostel. Die ganze Ansammlung der heiligen Männer bewegt sich in einem weiten Kranz aus der Tiefe des Raumes heraus, so daß sich der Betrachter in diese Gemeinschaft mit einbezogen fühlt. Die Gruppe darüber ist von ähnlich dichter Wirklichkeit. Deshalb stellt sich die Vorstellung des Schwebens nur schwer ein.

Es kann keinen Zweifel geben, daß Dürer dem *Heller-Altar* große Bedeutung beimaß. Er betont in einem Brief, daß er das Werk mit höchster Sorgfalt ausführen werde, damit es alle Zeiten überdauere und die Tafeln fünfhundert Jahre sauber und frisch bleiben werden.

Auch über seine Arbeitsweise geben die neun Briefe an Jakob Heller Aufschluß. Wie es üblich war, arbeitete Dürer mit Gesellen und Lernknaben. Aber er verpflichtet sich, bei diesem Altar das *mitler blat* (die Mitteltafel) *mit meiner aignen Hand fleisig* (zu) *mallen.* Die Holztafeln, die ein Schreiner gefertigt hatte, kamen zu einem *zubereiter,* der sie *geweist und geferbet* – also mit einem Kreidegrund und grauem, durchsichtigem Anstrich versehen hatte. Nachdem Dürer das Motiv mit dem Pinsel im Umriß auf die Tafel gezeichnet hatte, wird der *zubereiter . . . sie die ander wochen vergulten.* Die teilweise Blattvergoldung wurde also nicht von Dürer aufgebracht. Die Flügel wurden in Steinfarbe ausgeführt, das Mittelbild wurde dann *mit zwei gar guten farben vnderstrichen* und darauf *etlich 4 oder 5 und 6 mahl undermalen.* Dabei verwendet er die *allerschönsten Farben,* wobei er allein für Ultramarin 25 Dukaten vermalt habe. Als ihn Jakob Heller drängt, das Werk abzuliefern, weist er darauf hin, daß es gegen seine Natur sei, flüchtig zu arbeiten, obwohl ihm aus der sorgfältigen Arbeit nur Schaden erwachse. Dürer hatte zunächst nur 130 Gulden gefordert. Da er aber dabei nicht auf seine Rechnung kam, versuchte er den Auftrag rückgängig zu machen. Er war auch noch nicht ganz zufrieden, als die Summe auf 200 Gulden erhöht und durch ein Geschenk von 10 Gulden an seinen Bruder und ein anderes an seine Frau vermehrt wurde.

Ein Angebot eines gewissen Jörg Tausy, ihm für 400 Gulden ein ähnlich großes und schönes Marienbild zu malen, *hab ich ihme glatt abgeschlagen, den ich mieste zu ainem Bettler darob werden. Den gmaine gmäll* (einfache Gemälde) *will ich ain jahr ain hauffen machen, das niemandt glaubte, das möglich were, das ain man thun möchte. Aber das fleisig Kleiblen* (Kläubeln, sorgfältig arbeiten) *gehet nit von statten. Darumb will ich meines stechens außwarten.* Dürer kam also mit der zeitraubenden Malerei nicht auf seine Rechnung, und er hat außer dem *Dreifaltigkeitsbild,* das zwei Jahre später entstand, tatsächlich kein großes Altarbild mehr gemalt, denn bei den *Vier Aposteln,* seinem Spätwerk, handelt es sich um keinen Altar. Die Arbeit an seinen Stichen und Holzschnitten war für ihn offenbar sehr viel einträglicher.

Außer den Kopien geben die achtzehn erhaltenen Vorzeichnungen Dürers eine ausreichende Vorstellung von dem Bild [W. 448–465]. Wie beim *Rosenkranzfest* und bei dem *Jesusknaben unter den Schriftgelehrten* hatte Dürer auch hier mit größter Genauigkeit alle Einzelheiten vorher in weißgehöhten Pinselzeichnungen auf farbig grundiertem Papier festgelegt. Es sind Arbeiten von höchster technischer Vollendung, und sie genießen deshalb großen Ruhm – wohl zu Unrecht –, denn alles läuft allzu behende bei diesen Virtuosenstücken. Bei den Köpfen der Apostel bemüht sich Dürer, die innere Bewegung zum Ausdruck zu bringen. Sie geraten teilweise aber so drastisch, daß ihre Träger keineswegs wie Geistesheroen wirken, sondern eher wie Kleinbürger aus einer Posse von Hans Sachs. Diese Zeichnungen wurden wie eine Art Schnittmusterbogen ins Bild übertragen, so daß der lebendige Zusammenhang ein wenig verlorengehen mußte. Die Übermodellierung der Einzelheiten, besonders auch bei den Gewändern, hemmt den Bewegungsfluß, so daß die großen Gewandfiguren seltsam starr wirken. Auch die himmlische Erscheinung verliert dadurch alles Schwebende, sie ist zu stofflich, ohne jedes Geheimnis. Grünewalds «Auferstehender Christus» des Isenheimer Altares erweist sich als weit überlegen. Angestrengt strebt Dürer hier eine große, monumentale Form an, die ihm aber erst am Ende seines Lebens in den *Vier Aposteln* gelingt.

Zu den Vorzeichnungen des *Heller-Altares* gehören übrigens auch die berühmten *Betenden Hände* der Albertina in Wien. Sie haben in weiten Kreisen die Vorstellung vom Wesen der Kunst Dürers geprägt, und selbst Wölfflin meinte, die ältere Generation habe durchaus recht gehabt, in Zeichnungen wie dieser «den Inbegriff dürerscher Kunst zu verehren». Aber ist die «Frömmigkeit» dieser Hände nicht zu sehr zur Schau gestellte Pose? Sind nicht Grünewalds einfache Armstudien zum Sebastian des Isenheimer Altares von ihrer Natur her echter, frömmer? Hier wird deutlich eine Grenze im Schaffen Dürers sichtbar, bei der die unglaubliche Perfektion der Ausführung die Innerlichkeit eines Werkes zu mindern vermag und es in bedenkliche Nähe zum Kunstkammerstück bringt.

So wurden also diese zwei so grundverschiedenen Werke, die *Marter der Zehntausend* und der *Heller-Altar,* die kurz nach dem Aufenthalt in Venedig entstanden, eigentlich jedes in seiner Art überanstrengt. Es wird deutlich sichtbar, daß sich Dürer im *Heller-Altar* von der kleinlichen Kläubelei der *Marter der Zehntausend* freimachen wollte, daß er nun die große Form der Italiener anstrebte. Die äußere und innere Geschlossenheit des *Rosenkranzfestes* erreicht er aber nicht mehr.

Raffael: «Krönung der Maria», 1503. Gemälde. Rom, Vatikan

Mit dem *Heller-Altar* steht Dürer mitten in der Hochrenaissance. Weder in Deutschland noch in Venedig konnte er etwas Vergleichbares um diese Zeit gesehen haben. So wird der *Heller-Altar* zum handgreiflichen Beweis einer Begegnung mit römischer Kunst, genauer gesagt mit der Kunst Raffaels.[33] Dieser hatte in seiner «Krönung der Maria» von 1503 das gleiche Thema behandelt. Die Zweiteilung des Bildaufbaues sowie die Anordnung der Gestalten und ihre Verbindung mit der fernen Landschaft stimmen weitgehend mit dem *Heller-Altar* überein, ganz abgesehen von manchen Einzelheiten wie den geflügelten Engelsköpfen. Eine Begegnung mit Raffael ist um so wahrscheinlicher, als die beiden Künstler später ihre Arbeiten austauschten.

So macht Giorgio Vasari in der zweiten Auflage seiner «Vite» von 1568 sehr genaue Angaben über ein Selbstbildnis, das Dürer an Raffael gesandt habe: «Sein Bildnis mit Temperafarben auf dünne Leinwand gemalt, die auf beiden Seiten gleichmäßig die Lichter durchscheinen ließ, ohne Bleiweiß und nur mit Aquarellfarben getönt und modelliert, wobei die lichte Farbe des Tuches gleich die Fleischfarbe angab.» Vasari meint weiterhin: «Dieses Werk erschien Raffael wunderbar, und deshalb sandte er ihm viele von seiner Hand gezeichnete Blätter, die dem Albrecht sehr teuer waren.» Vasari kommt dann bei der Lebensbeschreibung des Giulio Romano nochmals auf dieses Selbstbildnis zu sprechen. Joachim von Sandrart sah das heute verschollene Werk noch im 17. Jahrhundert in der Kunstkammer der Gonzaga im Herzogsschloß zu Mantua.

Eine dieser Zeichnungen aus der Werkstatt Raffaels mit Studien zu dem Wandbild der «Schlacht bei Ostia» (Vatikan) mit zwei stehenden, männlichen Akten hat sich in der Albertina in Wien erhalten. Dürer schrieb eigenhändig auf dieses Blatt: 1515 *Raffahell de Vrbin, der so hoch peim pobst geacht ist gewest, der hat dyse nackette bild gemacht vnd hat sy dem Albrecht Dürer gen Nornberg geschickt, im sein hand zw weisen.*

Noch auf der niederländischen Reise bekundete Dürer höchstes Interesse für Nachrichten über Raffael, vor allem bei der Begegnung mit dessen Schüler Tommaso Vincidor aus Bologna.

DAS «ALLERHEILIGENBILD»

1511 vollendete Dürer seinen vierten großen Altar mit dem *Allerheiligenbild* (Wien), den der reiche Nürnberger Ratsherr Matthäus Landauer für die Kapelle eines von ihm gestifteten Spitals bestellt hatte. Zu dem Werk hat sich die großzügige Entwurfszeichnung von 1508 in Chantilly erhalten, die auch den mächtigen, ganz italienischen Architekturrahmen des Bildes mit einschließt [W. 445]. Die plastischen Szenen dieses Rahmens stellen das Jüngste Gericht dar und bilden einen untrennbaren Bestandteil des ganzen Werkes.

«Allerheiligenbild», 1511. Gemälde. Wien, Kunsthistorisches Museum

Auf dem Bild ist die Verehrung der heiligen Dreifaltigkeit durch die himmlischen Heerscharen und durch die gesamte Menschheit dargestellt. Unter den Himmlischen gewahrt man Moses, David, Johannes den Täufer und die volkstümlichsten Heiligen. Das Menschengeschlecht wird von allen Ständen vertreten, vom Papst und Kaiser bis zum einfachen Bauern mit seinem Dreschflegel. Links am Rand erscheint in dunklem Gewand der Stifter. Unter den übrigen Personen sind zahlreiche Verwandte Landauers abgebildet, wie etwa sein Schwiegersohn Haller, der auf der rechten Seite in goldener Rüstung kniet. Es fällt auf, daß auch die Versammlung der Menschheit in den Wolken schwebt, über einer weiten, heiteren Landschaft, in der an der rechten Seite einsam Dürer selbst steht. Offenbar ist mit dieser Vision die Einheit des Himmels und der gesamten Christenheit gemeint, wie das Augustinus in seinem «Gottesstaat» als Zustand nach dem Jüngsten Gericht geschildert hat. Diese Deutung, die auf Erwin Panofsky zurückgeht, wird durch die Darstellung des Jüngsten Gerichtes im oberen Bogenfeld des Rahmens bestätigt.

Das makellos erhaltene Bild ist von erlesener Feinmalerei. Der Glanz der auch heute noch ganz frischen, emailartig wirkenden Farben wird durch die reiche Verwendung des Blattgoldes, mit dem besonders der Papstmantel und die Ritterrüstung unterlegt sind, noch gesteigert. Das ganze Werk ist ein einziges festliches Jubilate. Aber es erschließt seinen ganzen Reichtum erst in der Nahsicht. Die gemalte Tafel bildet mit dem kostbar geschnitzten Bildrahmen eine untrennbare Einheit, die auch durch die Darstellungen selbst unterstrichen wird.[34] Obwohl dieser Rahmen in seiner Gesamtanlage italienischen Vorbildern folgt, leben in ihm die Elemente des spätgotischen Altares weiter. Das ehemals im Schrein beheimatete Schnitzwerk ist nun unlösbar im Rahmen aufgegangen, der obendrein durch kleinteiliges, lebendiges Rankenwerk wie mit Brombeergedörn übersponnen ist. So entsteht, trotz aller italienischen Anklänge, eine ausgesprochen deutsche oder vielmehr dürersche Lösung, ein einzigartig reiches Schaustück von wunderbarer Geschlossenheit. Dieses verlangt freilich einen genau begrenzten, klaren Raumkubus, in dem dieses Hauptwerk der deutschen Kunst erst seine ganze großartige Wirkung entfalten könnte.

Im Aufbau bedeutet das Werk eigentlich nur eine figurenreichere Weiterentwicklung des *Heller-Altares,* und wie bei diesem scheinen römische Erinnerungen nachzuwirken. Raffaels «Triumph der Religion» in den Stanzen des Vatikan, an den man sich erinnert fühlt, wurde zwar erst 1509 gemalt, aber Dürer könnte schon ähnliche Entwürfe bei Raffael in Florenz gesehen haben.

Im Jahre 1424 hatte Kaiser Sigismund der Stadt Nürnberg die Reichskleinodien, die zum Teil von Karl dem Großen herrührten, zur Bewahrung übergeben. Sie blieben in Nürnberg, bis sie 1796 vor dem napoleonischen Heer nach Wien gebracht wurden, wo sie heute noch in der Schatzkammer der Kaiserburg aufbewahrt werden. Dieser unerhörte Schatz, die bedeutendsten Herrschaftszeichen des Abendlandes, wurde jedes Jahr kurz nach Ostern am Hauptmarkt in Nürnberg auf dem «Heiltumsstuhl» zur Schau gestellt. 1510 erhielt Dürer von der Stadt den Auftrag, auf zwei Tafeln Karl den Großen und Kaiser Sigismund im kaiserlichen Krönungsornat lebensgroß mit ihren Wappen zu malen. Als Vorstudien hat Dürer Teile des Schatzes in nüchtern-sachlichen Studien [W. 504–507] abgezeichnet und außerdem einen aquarellierten Federentwurf der zwei Tafeln angefertigt [W. 503], der sich heute bei Graf Seilern in London befindet. Die unwahrscheinlich gut erhaltene Skizze ist in lichten Farben geistvoll

«Flucht nach Ägypten». Aus dem «Marienleben», um 1502–05. Holzschnitt

und frisch vorgetragen. Aber alles, was diese prächtige Visierung auszeichnet, fehlt den beiden großen Tafeln, die – merkwürdig starr und unlebendig – nur in wenigen Zügen etwas vom Geist und der Hand Dürers verraten. Besonders seltsam ist es, daß die beiden Gestalten ungleich groß sind, wobei natürlich das Bildnis Karls des Großen eine reine Erfindung ist.[35]

«Christus am Ölberg». Aus der «Großen Passion», um 1498. Holzschnitt

Auferstehung Christi. Aus der «Großen Passion», 1510. Holzschnitt

«Die Heimsuchung». Vorzeichnung zu nebenstehendem Holzschnitt. Feder. Wien, Albertina

DIE GROSSEN HOLZSCHNITTWERKE

Das Jahr 1511, in dem der Allerheiligenaltar entstand, war für Dürer auch das «Jahr der Bücher». Damals gab er als eigener Verleger die Holzschnitte der kleinen und großen *Passion*, das *Marienleben* sowie eine Neuauflage der *Apokalypse* heraus. Zu den ersten drei Büchern hatte er sich lateinische Verse von dem Mönch Chelidonius schreiben lassen. Bei den vier Folgen handelt es sich um insgesamt fast neunzig zum Teil sehr große Holzschnitte. Die Wirkung auf die Zeitgenossen muß außerordentlich gewesen sein, und es ist gewiß kein Zufall, daß im gleichen Jahr Albrecht Altdorfer ebenfalls beginnt, seine Zeichnungen in Holz schneiden zu lassen.

«Die Heimsuchung». Aus dem «Marienleben», um 1502–05. Holzschnitt

«Darstellung im Tempel». Aus dem «Marienleben», um 1502–05. Holzschnitt

Diese Fülle von Holzschnitten, deren Anfertigung sich, wie bei der *Großen Passion*, auf mehr als ein Jahrzehnt erstreckte, ist teilweise recht ungleichwertig und nicht immer einheitlich. Aber zusammen mit den Kupferstichen ging von ihnen eine starke, stilbildende Kraft aus, denn seither lagen sie in allen Künstlerwerkstätten als Vorlagen auf. So hat Altdorfer schon um 1512 die *Kreuztragung* der *Großen Passion* in der entsprechenden Bildtafel des Altares von St. Florian frei nachgestaltet. Auch in der Werkstatt des Veit Stoß

«Gnadenstuhl», 1511. Holzschnitt

sind Dürers Blätter als Vorlagen benützt worden. Mit ihnen hat Dürer stärker als jeder andere Künstler das Sehen seiner Zeit bestimmt und viele künstlerische Vorstellungen, vor allem auch das Bild Christi, für alle Zeiten festgelegt.

Gerade aus seinen Darstellungen des Leidens Christi spürt man Dürers tiefe Gläubigkeit. Darin ist er noch ganz ein Mensch des Mittelalters. Er unterscheidet sich hier auffallend von vielen seiner humanistischen Zeitgenossen, die einem reinen Neuheidentum ver-

Christus als Gärtner. Aus der «Kleinen Passion», um 1509–11. Holzschnitt

fallen sind. Für ihn ist die Passion Christi nicht nur ein künstlerischer Vorwurf, ein Schauspiel, das es möglichst wirkungsvoll zu inszenieren gilt, sondern überall spürt man sein tiefes «Mitleiden». Nur der eigenbrötlerische, düstere Grünewald hat in seiner Schilderung des Leidens Christi alles Geschehen noch tiefer durchlitten.

Es ist unmöglich, die Fülle der Einfälle, das Geistvolle des Bildaufbaus und die Vollkommenheit der Zeichnung all dieser Blätter nur entfernt zu schildern. Das *Marienleben,* das fast zur Gänze schon vor 1506, also vor der zweiten italienischen Reise, entstanden ist, gehört

Geißelung Christi. 1512. Aus der «Kupferstichpassion»

dabei zu Dürers glücklichsten Schöpfungen. Einzelne dieser Holzschnitte, wie die *Mariengeburt*, die *Heimsuchung* oder die *Flucht nach Ägypten* müssen zu den Hauptstücken der deutschen Graphik gezählt werden. All das Angestrengte, Pathetische und Gewaltsame der *Apokalypse* hat sich nun zu einer sanften, stillen Weise der Erzählung gelöst, zu einer beglückenden Epik, wie sie Dürer später nur mehr selten gelingt. Viele der Blätter sind zum unverlierbaren Besitz unseres Volkes geworden, zu unvergleichbaren, unübersetzbaren Äußerungen unseres Lebensgefühls und unserer Kultur. Es ist

Der «Verzweifelnde». Eisenradierung, um 1515

kein Zufall, daß die deutsche Romantik sich gerade an diesen Werken wieder entzündete.

Dürer hatte zu allen vier Holzschnittfolgen neue Titelblätter gezeichnet, von denen der sitzende *Erbärmdechristus* der *Kleinen Passion* trotz seines bescheidenen Formats zu den besonders einprägsamen Schöpfungen Dürers gehört. So hat er den großen bayerischen Bildschnitzer Hans Leinberger zu einem machtvollen Bildwerk inspiriert.

Ganz auffallend sind in einigen Blättern des *Marienlebens* die Raumkonstruktionen, wie bei der *Verkündigung* und *Darstellung im Tempel,* die Dürers vollkommene Beherrschung der Zentralperspektive schon vor der zweiten Italien-Reise belegen. Sicher sind aber gerade in der Architektur der *Darstellung im Tempel* italienische Anregungen verarbeitet. Geistvoll hat Dürer dabei die übermächtige Säule im Vordergrund in den gesamten Bildaufbau eingebunden, indem er sie von einem Mann lebendig umfangen läßt – ein Motiv, das später Rembrandt von Dürer übernahm.

Alle Glaubenskraft und die ganze Summe seines Könnens als Holzschnittzeichner hat Dürer dann gleichsam als Abschluß der Folgen in dem mächtigen Blatt mit der *Heiligen Dreifaltigkeit (Gnadenstuhl)* von 1511 zusammengefaßt. Man muß diesen Holzschnitt einmal in einem klaren, tiefschwarz gedruckten Original vor Augen gehabt haben – wie etwa in dem des Britischen Museums –, um den unermeßlichen Reichtum an Formen und «farbigen» Valeurs und den funkelnden Glanz dieses einzigartigen Werkes beurteilen zu können. Wie sich hier vordergründigste Wirklichkeit mit Visionärem verbindet, wie ein einziger großer Atem dieses ganze Werk belebt und jede, noch die unbedeutendste Linie von einer beispiellosen Kraft der Empfindung durchblutet wird, entzieht sich eigentlich jeder Beschreibung. Dürer hatte den *Gnadenstuhl* im gleichen Jahr auch in seinem Wiener *Allerheiligenbild* gestaltet. Aber in der Kraft der Aussage erreicht das Bild nicht entfernt den Holzschnitt.

Im Anschluß an die *Kleine Holzschnittpassion* hat Dürer die gleiche Folge in einem nur wenig kleineren Format bis 1512 auch in Kupfer gestochen. In ihrer technischen Vollendung gehören die Blätter der *Kleinen Kupferstichpassion* zu seinen erstaunlichsten Arbeiten. Aber die Kunstfertigkeit des Vortrags nimmt diesem Werk etwas von seiner Überzeugungskraft. Die *Kleine Holzschnittpassion* ist daneben viel simpler, schon vom Technischen her einfacher und deswegen zu lapidarer Aussage genötigt.

Dürer gehört auch zu den ersten Künstlern, die geätzte Radierungen auf Eisenplatten schufen. Es gibt sechs Blätter von ihm in dieser Technik. Erst nach tastenden Versuchen, die sich über drei Jahre – von 1515 bis 1518 – erstrecken, erreicht er mit der *Großen Kanone* eine Leistung, bei der alle Möglichkeiten der Ätzung voll ausgenützt sind. Besonders interessant ist das dicht vollgeschriebene «Studienblatt», in dem er noch mit der neuen Technik ringt. Die wahllos zusammengepferchten Skizzen, bei denen die mittlere Gestalt als *Verzweifelnder* gedeutet wird, wirken durch ihre traumhafte Unlogik wie ein modernes surrealistisches Werk. Das linke Männerbildnis erinnert an Michelangelo.

Den Ätzungen gehen um 1512 drei Kaltnadelradierungen auf Kupfer voraus, bei denen Dürer nicht mit dem Grabstichel, sondern mit der Schneidenadel arbeitet. Besonders bei dem unruhigen Blatt mit dem *Hieronymus* von 1512 ist leicht zu erkennen, wie wenig Dürer die malerische Wirkung des Grates auszunutzen versteht. Er hat diese Versuche, die seiner Vorstellung von graphischem Ausdruck widersprachen, auch sofort wieder aufgegeben.

Dürer hatte bereits das 40. Lebensjahr überschritten, als er 1513 und 1514 seine drei Meisterstiche *Ritter, Tod und Teufel, Melancholie* und *Hieronymus im Gehäus* schuf. Sie sind ungefähr gleich groß, und in der Vollkommenheit der technischen Ausführung sind sie auch von Dürer selbst nie übertroffen worden. Obwohl sie untereinander dem Vorwurf nach denkbar verschieden sind, wurde schon vermutet, daß sie durch eine gemeinsame Idee, von der wir nichts mehr wissen, miteinander verbunden seien. Es ist überhaupt sehr viel in diese drei Arbeiten hineingeheimnißt worden, und besonders die *Melancholie* hat zu den verwegensten Spekulationen Anlaß gegeben.

In dem *Reuter*, wie ihn Dürer im Tagebuch der niederländischen Reise selbst nennt, ist wohl einfach der christliche Ritter dargestellt, «für den das Leben ein Kriegsdienst ist und der, gewappnet mit dem Glauben, sich nicht fürchtet vor Tod und Teufel» (Wölfflin).[36] Man hat zu seiner Erklärung die Schrift des Erasmus von Rotterdam «Vom christlichen Ritter» herangezogen, und man erinnert sich dabei auch an die Stelle im niederländischen Tagebuch Dürers, wo er nach der Kunde von der Gefangennahme Luthers Erasmus zuruft: *Reit hervor, du Ritter Christi.* Den Reiter, Sattel und Zaumzeug hat Dürer aus seiner wirklichkeitsnahen Aquarellstudie von 1498 (Wien [W. 176]) wörtlich übertragen, und auch in seiner eindrucksvollen Zeichnung *König Tod zu Pferde* von 1505 sind Teilmotive des Stiches bereits vorweggenommen.

Viel entscheidender ist es, daß ähnlich wie in dem Adam-und-Eva-Stich von 1504 auch bei diesem Pferd ein Proportionsgerüst zugrunde liegt, das Dürer von Leonardo da Vinci übernahm, der sich selbst wieder an eine antike Pferdestatue, den «Regisole» in Pavia, gehalten hatte.

Der *Reuter* ist also fast so etwas wie eine deutsche Fassung der bedeutenden Reiterdenkmalsentwürfe Leonardos und für Dürer zugleich ein Stück *Wiedererwachsung* der Kunst der Alten. Ähnlich wie in seinen *Vier Aposteln* verbindet er in diesem deutschesten aller deutschen Stiche mittelmeerischen und nordischen Geist zu einem Werk von abendländischem Rang.

Den geheimnisvollen Stich mit dem sinnenden, geflügelten Weib, das von rätselhaftem Gerät umgeben ist, hat Dürer selbst als *MELENCOLIA I* bezeichnet und damit einen Hinweis auf die Deutung dieses geheimnisträchtigen Werkes gegeben. Nach moderner Anschauung ist der Melancholiker ein Gemütskranker. Aber schon bei Aristoteles sind die Melancholiker «die ernsten, zum geistigen Schaffen veranlagten Naturen», und wir wissen, daß Dürer die Schrift des Marsilio Ficino «Vom gesunden Leben» kannte, in der es heißt: «Alle Männer, so in einer großen Kunst vortrefflich sind gewesen, die sind alle melancholici gewesen.»[37] Es ist ganz unmöglich, die zahllosen, sich oft widersprechenden Erklärungsversuche des

«Ritter, Tod und Teufel», 1513. Kupferstich

«Melancholie», 1514. Kupferstich

«Hieronymus im Gehäus», 1514. Kupferstich

Tod. Vergrößerter Ausschnitt aus «Ritter, Tod und Teufel». Kupferstich

Stiches auch nur anzudeuten. Das Ganze sollte wohl ein Sinnbild des forschenden Geistes sein, denn ganz offenbar ist nicht schwerblütige, apathische Tatenlosigkeit gegeben, sondern das schöpferische Prinzip an sich, das den unbelebten Dingen dieser Welt erst den Lebensodem einhaucht. Der gesammelt nach innen gerichtete Blick des sitzenden Weibes verrät trotz der bedrückenden Unbeweglichkeit der Gestalt inmitten des surrealistisch anmutenden Geräts höchste innere Anspannung.

In der Londoner Handschrift verbindet Dürer selbst mit der *Melecoley* die schöpferische Arbeit. Er meint, wenn diese bei dem jungen Malerknaben überhandnähme, weil er sich zuviel in der künstlerischen Arbeit übte, sollte man ihm kurzweiliges Saitenspiel lehren, daß er davon abgelenkt werde *zw ergetzlichkeit seins geplütz.*[38]

In dem Entwurf zum ästhetischen Exkurs der Nürnberger Handschrift spricht Dürer ebenfalls von den *camplexionen* der Menschen: *melancolici, flegmatici, colerici oder sangwinus.* Diese Vorstellung verbindet er, trotz seines Vertrauens auf eine göttliche Führung, wie

Leonardo da Vinci: Schreitendes Pferd. Feder. Windsor, The Queen's Gallery

Dürer: Schreitendes Pferd aus dem Stich «Ritter, Tod und Teufel». Seitenverkehrte Pause

sie besonders in der Aufschrift zu dem Pariser Selbstbildnis (Umschlagbild) zum Ausdruck kommt, mit einem Sternglauben, nach dem die siderischen Mächte nicht nur den Charakter, sondern auch das Schicksal des Menschen weitgehend bestimmen. Er meint, man könne wohl ein Bild machen, *dem der Saturnus oder Venus zw den awgen heraws scheint.* In seinem geplanten, umfassenden Malerbuch führt Dürer weiter aus, daß man bei der Geburt des Malerknaben darauf achten müsse, unter welchem Himmelszeichen er geboren sei, da dies wohl für die künstlerische Begabung entscheidend ist, und er fügt hinzu: *Pit got vm ein glückhaftige stund.*

Man sollte sich hüten, den vielen Gegenständen auf dem Stich

Sanduhr. Vergrößerter Ausschnitt aus «Melancholie». Kupferstich

einen zu spekulativen Sinn unterzulegen. Wir wissen nicht, ob etwa die verschiedenen mittelalterlichen «artes liberales» und «artes mechanicae» gemeint sind. Unter den Einzelheiten ist das magische Zahlenquadrat bemerkenswert. In jeder Richtung lassen sich die Zahlen zur gleichen Summe zusammenzählen. Dazu enthält es das Todesdatum der Mutter Dürers.

Viel entscheidender ist es, daß das Auge sich der geradezu unwahrscheinlichen Dichte und Vollendung des Stichwerks hingibt, wozu es freilich einer beträchtlichen Anstrengung bedarf. Allein die Sanduhr an der Wand ist für sich ein unbegreifliches Meisterwerk.

Vergrößerter Ausschnitt aus «Hieronymus im Gehäus». Kupferstich

Wie hier mit geradezu mikroskopischer Genauigkeit das gebuckelte Glas, hinter dem der Sandstrahl herunterrinnt, in seiner Stofflichkeit geschildert wird, das ist von übertrefflicher Meisterschaft.

Der Stich ist eine schwer deutbare Aussage Dürers; fast mutet er wie eine Art inneres Selbstbildnis an. Das zersprühende saturnische Gestirn im Hintergrund, das von einem Regenbogen überspannt wird, ist wie ein Gleichnis aller schöpferischen Kraft, die, aus dunklen Zonen gespeist, zum Lichte hinstrebt.

Der vollendetste der drei Stiche ist aber ohne Zweifel der *Hieronymus im Gehäus*. Beim *Ritter, Tod und Teufel* spürt man vor allem in dem Pferd des Ritters eine gewisse gedankliche Kühle, ein rechnerisches Element, wodurch es ein wenig unlebendig wird. Man vergleiche dazu den «hineingeflickten» zweiten Pferdekopf, den Tod, den Teufel oder auch den Hund, um zu sehen, wie sehr viel blutvoller diese sind. Das Blatt mit der *Melancholie* leidet andererseits darunter, daß es gedanklich zu sehr überfrachtet ist, daß ihm die Unmittelbarkeit der Anschauung fehlt und jene Naivität, die stets große, ewige Kunst auszeichnet.

Diese Einwände müssen vor dem *Hieronymus* verstummen – oder wollte jemand behaupten, daß Tisch und Bank zu absichtsvoll in den Raum hineinkonstruiert seien? In der wunderbaren, stillen Stube, in der das Licht als geheimnisvolle Materie wie eine Emanation des reinen Geistes im Raum schwingt, geht alles auf. Alle Bereiche des Sichtbaren sind durchmessen. Das Fell des Löwen oder das zarte Gewebe der Schatten, das die Butzenscheiben auf der Fensterlaibung entwerfen, sind ebenso einläßlich geschildert wie das in der Maserung aufgezeichnete Wachstum des Holzes. Das alles gehört einer vordergründigen, abtastbaren Welt an. Aber hört man nicht zugleich das Klopfen des Holzwurmes, das Kritzeln der Feder des emsigen Alten, ja sogar das Vergluckern der Zeit?

Eine solche Vollendung des Stichwerks ist weder vorher noch nachher jemals wieder erreicht worden. Man fragt sich, wie Dürer auf der Kupferplatte mit dem starren Stichel in spinnwebfeinem Linienwerk immer genau das richtige Lichtquantum ertasten konnte – etwa in den Schattenzonen unter der Bank –, um die unzähligen Einzelheiten in eine einheitliche, räumliche Ordnung und in einen unerschütterlichen Sinnzusammenhang zu bringen. Dem Licht kommt in dem Stich die entscheidende Bedeutung zu. Als himmlisches Element dringt es wie eine Botschaft des Unendlichen in den engen irdischen Bereich. Wie später bei Rembrandt erhält es damit zugleich eine moralische Qualität.

DAS BILDNIS DER MUTTER

Am 19. März 1514, etwa zur gleichen Zeit, als er an dem *Hieronymus im Gehäus* arbeitete, schuf Dürer seine weitaus bedeutendste Zeichnung, das Bildnis seiner todkranken dreiundsechzigjährigen Mutter. Dürer schreibt, daß sie schon seit dem Tod ihres Mannes im Jahre 1502 keine gesunde Zeit mehr gehabt habe. Die ewige Krankheit hatte die von achtzehn Geburten Erschöpfte völlig ausgezehrt, und das nahe Ende hatte sich schon ein Jahr vorher durch einen erschreckenden körperlichen Zusammenbruch angekündigt. Dürer hat das harte Sterben seiner geliebten Mutter mit Worten geschildert, die seine tiefe Ergriffenheit nachfühlen lassen. Mit fast biblischer Sprachgewalt setzt er feierlich die Worte:

Van dem an, an dem vor bestymten dag, als sy kranck ist worden,

Dürers Mutter, 1514. Kohle. Berlin, Kupferstichkabinett

vber ein jor, do man czalt 1514 jor, an einem Erchdag, was der 17. dag jm Meyen, zwu stund vor nacht, jst mein frume muter Barbara Dürerin verschiden crystlich mit allen sacramenten, aws pepstlichem gewalt van pein vnd schuld geabsolfyrt. Sy hat mir och for jren segen geben vnd den gotlichen frid gewünst mit vill schöner ler, awff das ich mich vor sünden solt hüten. Sy begert awch for zw trynken sant Johans segen, als sy dan tett. Vnd sy forcht den tot hart, aber sy saget, für gott zw kumen fürchtet sy sich nit. Sy ist awch hert gestorben, vnd jch merckt, das sy ettwas grawsams sach; dan sy fortret daz weichwassr, vnd het doch for lang nit gerett. Also prachen jr dy awgen. Ich sach awch, wy jr der tott zwen groß stos ans hercz gab, vnd wy sy mund vnd awgen zw tet, vnd verschid mit schmerczen. Ich pettett jr for. Do fan hab jch solchen schmerczen gehabt, daz jchs nit aws sprechen kan. Got sey jr genedig.

Das lebensgroße Bildnis der alten Mutter ist von einem erschrekkenden Realismus. Dürer will von der irdischen Erscheinung des häßlichen alten Weibes, das ihn zur Welt gebracht hatte, soviel wie möglich vor dem Vergessen retten. In allen Teilen des Gesichts führt er den Stift mit höchster Zucht, besonders bei dem großen linken Auge, das tief eingebettet, gleichsam wie ein Fenster, den Blick in das Innere freigibt. Er macht dabei nicht den geringsten Versuch zu einer Idealisierung. Es geht ihm nur um die pure Wahrheit. Der schmale, karge Mund über den zahnlosen Kiefern ist wie eine einzige erstorbene Klage, und die ganze Hilflosigkeit der geschundenen Kreatur kommt in den glotzenden Augen zum Ausdruck, in denen alle gläubige Zuversicht durch bare Lebensangst verdrängt scheint.

Dürer nötigt dabei der Kohle einen Formenreichtum und eine Farbigkeit ab, die beispiellos sind. Aber dann übermannt es ihn, und mit hemmungsloser Gewalt entlädt er sich in den großen, gewaltsamen Formen, die das Gesicht rahmen. Die Linien stürzen in Kaskaden herab, und besonders in dem mächtigen, breiten Umriß des Hinterhauptes gibt er ein Seismogramm seiner tiefen Erschütterung.

Das bedrängende Pathos des Nüchternen, in dem das Vergängliche mit schneidender Schärfe festgehalten wurde, ist nur das äußere Gerüst für das vielleicht tiefste Seelenbildnis der abendländischen Kunst. Hier ist nicht nur ein einmaliges Antlitz gegeben, sondern Schicksal schlechthin. Es gibt nur wenige Werke, die sich damit vergleichen lassen, am ehesten das hoffnungslose Altersselbstbildnis Tintorettos mit den erloschenen Augen im Louvre oder zwei, drei Bildnisse des greisen Rembrandt, in denen er demütig mitteilt, er habe nun am Ende des Lebens alle Höhen und Tiefen des Daseins durchschritten.

Für seine zahlreichen künstlerischen Unternehmungen zog Kaiser Maximilian I. die bedeutendsten Künstler zur Mitarbeit heran. Da er diese Aufgaben meist bis in alle Einzelheiten festlegte, hat er der Kunst seines Zeitalters ein so ausgeprägtes Gesicht gegeben, daß man geradezu von einem maximilianischen Stil sprechen kann. Erst verhältnismäßig spät, nachdem er schon viele andere Künstler mit umfangreichen Aufträgen betraut hatte, verpflichtete er auch Dürer.

Der Kaiser hielt sich im Februar 1512 für kurze Zeit in Nürnberg auf, und offensichtlich war es Pirckheimer, der eine Begegnung mit Dürer herbeiführte. In den folgenden drei Jahren hat ihm Maximilian zwei große Arbeiten anvertraut, die seine Arbeitskraft sehr in Anspruch nahmen: Den 3,5 Meter breiten und aus 192 Holzstöcken bestehenden Riesenholzschnitt der *Ehrenpforte* und den größten Teil der Randzeichnungen zu seinem *Gebetbuch*. Da sich Dürer dem geistigen Bereich des Kaisers anpassen mußte, wird sein Stil dadurch nicht unwesentlich beeinflußt.

Maximilian wollte sich mit den von ihm veranlaßten Werken, an deren Erfindung und Durchführung er ständig stärksten Anteil nahm, im Volk eine ewige Erinnerung sichern.[39] Im «Weißkunig» schreibt er selbst darüber: «Wenn ein Mensch stirbt, so volgen Ime nichts nach dann seine werckh. Wer Ime in seinem leben kein gedächtnis macht, der hat nach seinem todt kein gedächtnus und desselben Menschen wirdt mit dem glockendon vergessen.»

Es ist bezeichnend für die begrenzten Möglichkeiten des Kaisers, daß er sich seine *Ehrenpforte* nur auf Papier gedruckt leisten konnte und nicht etwa in Marmor und Erz, wie es jeder windige Condottiere in Italien gemacht hätte. Mit seinem Grabmal in Innsbruck hatte Maximilian zwar ein riesiges, monumentales Werk zum Ruhme seines Hauses begonnen und viele der größten Künstler seiner Zeit, wie Veit Stoß, Hans Leinberger oder Peter Vischer gewonnen, aber es kam nie zu einem Abschluß. Auch Dürer hat für dieses Grabmal Entwürfe geliefert. So sind zwei Zeichnungen für die überlebensgroße Statue des Albrecht von Habsburg erhalten geblieben [W. 676–677], die von Hans Leinberger modelliert wurde. Auch bei dem «Theoderich» und «König Artus», die Peter Vischer d. Ä. goß, sind Vorzeichnungen Dürers zu vermuten. Die übrigen monumentalen Pläne des Kaisers, zum Beispiel eine riesige steinerne Krone im Dom von Speyer zum Ehrengedächtnis der dort bestatteten deutschen Kaiser oder sein eigenes Reiterstandbild, das er im Chor von St. Ulrich in Augsburg aufstellen lassen wollte, kamen ebenfalls nie über den Entwurf hinaus.

Der bedeutendste literarische Mitarbeiter des Kaisers, Johannes Stabius, spricht von 130 Bänden, die der Kaiser sich zu schreiben vornahm. Alle diese Werke, mit denen er sogar Caesar übertrumpfen wollte, sollten reich mit Holzschnitten ausgestattet werden, und darin lag der eigentliche Schwerpunkt seiner Kunstförderung. Zuerst entstand die «Genealogie» (1509–12), in der der Stammbaum des Kaisers über die germanischen Franken und über verschiedene sagenhafte Gestalten bis Hektor von Troja und sogar bis Noah zurückverfolgt wurde. Diese Ahnenreihe, die alles edle Blut des Abendlandes auffing, ergab geradezu ein Grundgerüst der Weltgeschichte. Dazu kamen in einem zweiten Werk die weit über hundert «Heiligen aus der Sipp-, Mag-, Schwäherschaft des Kaisers», mit denen sein Geschlecht auch fest mit dem Himmel verbunden werden sollte. In den Büchern «Theuerdank», «Freydal» und «Weißkunig» werden dann in romanhafter Form die Lebens- und Regierungsgeschichte des Kaisers erzählt. Alle diese Bücher, mit Ausnahme des «Theuerdank», dessen Vollendung der Kaiser 1517 selbst noch erlebte, blieben Stückwerk. Auch das «Gebetbuch», zu dem Dürer 53 Randzeichnungen beisteuerte, sollte in einer Holzschnittausführung für die Mitglieder des St. Georg-Ritter-Ordens herausgegeben werden.

Als das eigentliche große Denkmal seiner Person und seines Hauses war aber die *Ehrenpforte* gedacht, deren endgültige Durchführung er Dürer anvertraute. Ergänzt wurde die *Ehrenpforte* durch den «Triumphzug», den vor allen Dingen Hans Burgkmair d. Ä. und Albrecht Altdorfer gestalteten.

Der Triumphgedanke, der in der Spätantike eine so große Rolle spielte, war durch die mittelalterliche Kirche, die neben ihren Heiligen keinen irdischen Ruhmeskult duldete, völlig verschüttet worden. Je mehr sich der Mensch in der Renaissance aus den kirchlichen Bindungen löste und sich in seinen Vorstellungen vom Jenseits abwandte, desto mehr erwachte seine Begierde nach irdischem Ruhm, der über die kurzen Erdentage hinaus Unsterblichkeit verbürgen sollte. An den italienischen Höfen spielten die «trionfi» – Triumphzüge in antikisch-humanistischer Verkleidung – eine bedeutende Rolle. In der Unterschrift zur *Ehrenpforte* wird auch ausdrücklich darauf hingewiesen, daß diese «Pforte der Ehre» für Maximilian errichtet werde, «wie vor alten Zeiten die arcus triumphalis den römischen Kaisern in der Stadt Rom».

In der *Ehrenpforte* ist der römische Triumphbogen mit der gotischen Wappenwand des Nordens, wie sie etwa in der Burg von Wiener Neustadt oder im Wappenturm von Hall bestanden, verschmolzen. Das mit symbolischem Schmuck überwucherte Bauwerk ist eine riesige Bilderwand, die in der Mitte den Stammbaum Maximilians und die Wappen der von ihm beherrschten Länder trägt. Daneben sind auf beiden Seiten geschichtliche Ereignisse aus dem Leben Maximilians und die Bildnisse von deutschen Herrschern und Verwandten des habsburgischen Hauses angebracht. Auf den beiden seitlichen Rundtürmen, die wie Fremdkörper wirken, hat Altdorfer das Leben Maximilians geschildert.

Maximilian, der 1512 die genaue Anweisung für die Triumpharbeiten seinem Sekretär Treitzsaurwein diktierte, schuf jedoch nicht ein reines Phantasiegebilde, denn er hatte schon 1493 bei seiner Vermählung mit Bianca Maria Sforza in Mailand einen italienischen

«Ehrenpforte», 1515. Holzschnitt

Triumph von größter Prachtentfaltung erlebt. Dabei wurde seine Braut auf einem prunkvoll ausgestatteten Schauwagen eingeholt und durch einen vor dem Chor des Domes aufgestellten Triumphbogen geführt, der mit antiken Darstellungen und den Standbildern Maximilians und Francesco Sforzas geschmückt war. Zur Versammlung der Stände am 21. April 1509 in Worms war der Kaiser in vollem kriegerischen Harnisch auf gepanzertem Hengst an der Spitze eines Zuges von tausend Reitern erschienen, unter denen sich auch Stratioten und Albanesen befanden.

Die genauere Planung dieser ganzen Arbeiten geht auf den Hofgeschichtsschreiber Johannes Stabius zurück. Nach dessen Angaben

Randzeichnung zum «Gebetbuch Kaiser Maximilians», 1515. Feder. München, Staatsbibliothek

wurden in der kaiserlichen Hofwerkstatt des Jörg Kölderer zunächst Federentwürfe gezeichnet – Vorlagen für große Pergamentminiaturen, die dann entstanden.[40]

Die Architektur der *Ehrenpforte* ist also keine Erfindung Dürers, und auch die Einzelheiten waren weitgehend festgelegt, so daß er keinen allzu großen Spielraum mehr hatte. Man kann sich leicht vorstellen, daß ein so unabhängiger Geist wie Dürer unter der Last dieses Auftrags litt. Er war gezwungen, den spröden Entwürfen eines drittklassigen Künstlers nachzuarbeiten, zur gleichen Zeit, da er seine drei Meisterstiche schuf. Als Dürer versuchte, sich von der Vorlage zu lösen, kam es zu einer erregten Auseinandersetzung mit dem erbosten Kaiser, den Stabius nur mühsam beschwichtigen konnte.

Große Teile der *Ehrenpforte* wurden von Dürers Gesellen Hans Springinklee und Wolf Traut gezeichnet. Das ganze «holzgeschnittene Ungetüm», wie es Wölfflin nennt, sei «immer ein schwer verdaulicher Brocken für die Bewunderer Dürers gewesen», da es eine einheitliche Anschauung einfach nicht zuläßt.

Für den Holzschnitt-Triumphzug sollte Dürer das Kernstück, den großen kaiserlichen Triumphwagen, zeichnen. Er hatte mehrere Federentwürfe (Albertina, Wien [W. 671, 685] gefertigt, aber nach dem plötzlichen Tod des Kaisers stockte die Ausführung. Dürer gab dann den aus acht Stöcken bestehenden Wagen mit den Gespannen ab 1522 auf eigene Kosten heraus. Er erscheint deshalb in keiner der Ausgaben des Triumphzuges. Das kaiserliche Fahrzeug ist mit den von Pirckheimer erfundenen gelehrten Allegorien und symbolischen Gestalten derart überladen, daß von der beschwingten Leichtigkeit des ersten Entwurfs Dürers nur wenig übrigblieb.

Man mag es bedauern, daß Dürer auf dem Höhepunkt seines Schöpfertums so viele Arbeitskraft auf dieses monströse Werk verschwenden mußte. Wo aber seine Hand sichtbar wird, etwa in der Kronenträgerin über dem Mittelportal, erweist er sich als ein Formerfinder höchsten Ranges.

Die zweite große Arbeit Dürers für Maximilian sind die «Randzeichnungen» zu dessen Gebetbuch. Sie sind die weitaus glücklichsten Schöpfungen Dürers für den Kaiser, da sie eine Begabung offenbaren, die in der hochoffiziellen *Ehrenpforte* nicht so recht zur Geltung kommen konnte. Maximilian hatte für den St. Georg-Ritter-Orden, der eine Kerntruppe im Kampf gegen die andringenden Türken darstellen sollte, ein Gebetbuch geplant und dafür von dem kaiserlichen Sekretär Vinzenz Rockner in Anlehnung an die Schreibschrift eine wunderbare Fraktur entwerfen lassen. Der großformatige Band, der bei Hans Schönsberger in Augsburg gedruckt wurde, sollte reich mit Holzschnitten verziert werden. Die breiten Ränder seines eigenen Pergamentexemplares ließ Maximilian von den bedeutendsten Künstlern seiner Zeit durch Federzeichnungen mit farbigen Tinten schmükken. Außer Dürer waren Albrecht Altdorfer, Lucas Cranach d. Ä., Hans Baldung Grien, Hans Burgkmair d. Ä., Jörg Breu d. Ä. und ein unbekannter Werkstattgenosse Altdorfers beteiligt.[41] Dürer hat 53 Seiten mit Randzeichnungen versehen, die heute zusammen mit denen Cranachs zum kostbarsten Buch der Münchner Staatsbibliothek zusammengebunden sind, während sich die andere Hälfte des Werkes in Besançon befindet.

Dürer entfaltet in seinen Randzeichnungen einen Reichtum an Erfindungen, der sogar in seinem Werk beispiellos ist. Zwar kommen auch hier einige hieroglyphische Symbole vor, aber es fehlt alle steifleinene, humanistische Gelehrsamkeit, die die *Ehrenpforte* so schwer erträglich macht. Man spürt seine schwelgerische Lust am Zeichnen, seine Hand ist von einer Leichtigkeit und Ungebunden-

Maximilian I., 1518. Kohle und Rötel, weißgehöht. Wien, Albertina

heit, die sich ohne jede Vorzeichnung in einer reinen Schönschrift ergeht. Pflanzliches Rankenwerk verliert sich in kalligraphischen Schnörkeln, und in dem heiteren «Rokoko» der Formverflechtung offenbart sich ganz rein und ursprünglich ein ausgesprochen nordisch-deutsches Formgefühl. Der Inhalt der oft recht weltlichen Darstellungen steht dabei nicht selten in einem auffallenden Gegensatz zu dem Ernst der Gebete, die Maximilian teilweise selbst verfaßt hatte. Ebenso widerspricht das gelöste Federspiel der Feierlichkeit der großen schwarz-rot gedruckten Lettern, um so mehr als die Tinten der Zeichnungen heute sehr verblaßt sind, so daß nur mehr verstärkte Wiedergaben eine gewisse Vorstellung von der ursprünglichen Wirkung geben können.

Auf dem Reichstag in Augsburg 1518, zu den ihn der Nürnberger Rat geschickt hatte, zeichnete Dürer den Kaiser am 18. Juni *hoch oben awff der pfaltz in seine*(m) *kleinen stüble.* Er schuf in dieser einzigen Sitzung, die Maximilian ihm je gewährte, das wohl lebendigste und wirklichkeitsgetreueste Bildnis seines großen Gönners [W. 567].

Man spürt, wie sehr sich Dürer diesem gebildeten, phantasievollen, hochgemuten und bis zur Verwegenheit tapferen Mann, der in Wirklichkeit ein heimlicher Künstler war, innerlich verbunden fühlte. Um den Kaiser, der durch seine Unruhe ständig den ganzen Erdkreis in Atem hielt, war die Aura des Abenteuerlichen. Der junge Habenichts hatte Maria, die Märchenprinzessin des Abendlandes, die reiche Erbin der burgundischen Lande, heimgeführt, und aus den durch ein kühles, politisches Kalkül zusammengebrachten Eheleuten wurde das Liebespaar Europas. Aber wie im Märchen neiden die finsteren Mächte das Glück. Die schwangere Maria stürzt bei der Falkenbeize tödlich vom Pferd, und der junge Erzherzog muß nun endlose Kriege nach allen Richtungen der Windrose führen, um sein Erbe zu behaupten. Der glanzvolle Herr des Goldenen Vlieses ist in Wirklichkeit bettelarm und von den Augsburger Pfeffersäcken abhängig, bis ihm die morganatische Heirat mit der Mailänder Herzogstochter wieder sagenhaften Reichtum einbringt. Aber er war gewiß nicht nur der «Glücksritter», als der er meist dargestellt wird, sondern er war von der Größe und göttlichen Würde des Kaisertums tief durchdrungen. Wenn er sich zeitweise ernsthaft mit dem Gedanken trug, den Stuhl Petri zu besteigen, dann nur deswegen, weil er an der Spitze der gesammelten Christenheit gegen die Türken ziehen wollte, die das Abendland zu überrennen drohten. Alle Berichte der Zeit stimmen darin überein, daß dieser Mann, der sich fließend in sieben Sprachen unterhalten konnte, durch seine Schlichtheit und Liebenswürdigkeit sofort alle Herzen gewann, nicht nur die seiner Kriegsknechte, die für ihn buchstäblich durchs Feuer gingen.

Maximilian, der die Weichen der abendländischen Geschichte auf Jahrhunderte hinaus stellte und den die Deutschen neben Karl dem Großen und Friedrich Barbarossa nie vergaßen, sitzt nun in einer stillen Stunde Dürer gegenüber. In großen Zügen reißt dieser mit rauher Kohle mit höchster Sachlichkeit das rassige und kühne Antlitz aufs Papier. Zugleich gibt er damit eine Art «Werkzeichnung» dieses großen Lebens. Jeder der beiden weiß von der Bedeutung des anderen, und die großzügige Zeichnung gibt genügend Aufschluß von dem vollkommenen Zusammenklang der Geister in dieser denkwürdigen Stunde.[42]

Damals hat Dürer noch eine ganze Anzahl bedeutender Männer in großen Kohlebildnissen festgehalten, darunter den verdrossen blikkenden Hans Burgkmair [W. 569] und Jakob Fugger den Reichen [W. 571], ferner den Hofhistoriographen Johannes Stabius [W. 572] und Unbekannte, darunter vielleicht Konrad Peutinger [W. 565]. Am aufschlußreichsten ist aber seine genaue Zeichnung des Kardinals Albrecht von Brandenburg [W. 568], der als Kanzler des Reiches, als Kurfürst und Erzbischof von Mainz und Magdeburg zu den mächtigsten Männern der Zeit gehörte. Die realistische Zeichnung ist merkwürdig glatt und leer, alle beschwingte Leichtigkeit der Hand ist wie weggewischt. Das große Blatt hat als Vorlage für den ersten der zwei späteren Stiche Dürers gedient, für den sogenannten *Kleinen Kardinal.*[43] Man spürt ganz unmittelbar die tiefe Kluft, die Dürer von diesem genußfrohen Mann trennte, der sich einen Grünewald als Hofmaler hielt, für den aber das hohe kirchliche Amt nur ein Mittel renaissancehafter Repräsentation bedeutete. Für Dürer muß er vor allem der Widersacher Luthers gewesen sein. Er sah in ihm den großen Verderber der Kirche, der den Ablaßhandel in Schwung gebracht und damit den Glaubensstreit ausgelöst hatte.

DIE REISE IN DIE NIEDERLANDE

Kaiser Maximilian I. hatte Dürer für seine Dienste ein Jahresgehalt von 100 Gulden bewilligt, das ihm aus der Nürnberger Stadtsteuer ausbezahlt wurde. Dürer war gerade mit Pirckheimer auf einer Reise durch die Schweiz – bei der sie den Reformator Huldrych Zwingli in Zürich trafen –, als Maximilian ganz unerwartet am 12. Januar 1519 in Wels starb. Da darauf die knausrigen Nürnberger das Leibgeding nicht mehr zahlen wollten, mußte Dürer es sich von dem neuen Kaiser, Karl V., bestätigen lassen. Dieser war 1520 aus Spanien in die Niederlande gekommen, und deshalb machte sich Dürer am 12. Juli dieses Jahres auf, um vor ihm seine Sache zu vertreten.

Dürer hatte wohl von Anfang an einen längeren Aufenthalt geplant. Er hat über diese Reise ein ausführliches Tagebuch geführt, dessen Eintragungen sich genau über ein Jahr – vom 12. Juli 1520 bis zum 15. Juli 1521 – erstrecken. Nach einer Wallfahrt zu der berühmten Gnadenstätte Vierzehnheiligen in Franken tritt er die Reise an, begleitet von seiner Frau und der Magd Susanna – Dürer nennt sie *mein mägdlein* –, die das kinderlose Ehepaar offenbar wie eine Tochter hielt. Sie fuhren zu Schiff den Main und Rhein abwärts bis Köln und von dort über Land nach Antwerpen, wo sie nach drei Wochen – am 2. August – ankamen. Um ungeschoren durch die zahllosen Zollstellen zu kommen, hatte sich Dürer vom Bamberger Bischof, seinem alten Gönner, einen Freibrief und Empfehlungsschreiben verschafft und dafür ein kleines Marienbild gegeben.

Überall auf der Reise war er eingeladen oder mit Geschenken bedacht worden. So schickte ihm in Frankfurt Jakob Heller, für den er 1509 den großen Altar gemalt hatte, Wein in die Herberge. In Köln traf er seinen Vetter, den Goldschmied Niklas, den man den «Ungarn» nannte und der zeitweise in der Nürnberger Werkstatt seines Vaters gearbeitet hatte.

In Antwerpen nahm er in dem Gasthof des Jobst Planckfeld für ein Jahr festes Quartier. Von dort aus bereiste er das ganze Land und besuchte Brügge, Gent, Mecheln, Brüssel und vor allem Aachen und Köln, um den Kaiser zu treffen.

Dürer ist nun ein weltberühmter Mann, zu dem sich die Großen der Zeit drängen, dem sich alle Tore öffnen und der besonders von den Künstlern hoch gefeiert wird. Margarete, die Statthalterin der Niederlande, die Tochter Kaiser Maximilians I., empfängt ihn mehrmals in Brüssel. Dürer schenkte ihr dabei zwei *gemalte Materien,* und er hatte ihr auch ein Gemälde ihres Vaters zugedacht. Da es ihr aber offenbar nicht gefiel, nahm er es wieder mit. Nicht zuletzt ihrer Fürsprache bei ihrem Neffen Karl ist es wohl zu verdanken, daß Dürer sein Jahresgehalt bestätigt bekam.

Unter den führenden Geistern, mit denen er in diesen Tagen zusammentraf, war auch Erasmus von Rotterdam, von dem er zwei Bildnisse schuf. Er hat damals auch Sebastian Brant, der als Vertreter Straßburgs in Antwerpen war, getroffen und in einer überaus kunstvollen Zeichnung (Berlin [W. 817]) festgehalten. Während seiner Wanderzeit hatte Dürer für dessen «Narrenschiff» in Basel die Holzschnitte geschaffen, die seinen frühen Ruhm begründeten.

Antwerpen, 1520. Feder. Wien, Albertina

Bedeutende ausländische Regierungs- und Handelsvertreter, wie der Portugiese Rodrigo d'Almada und der Genuese Tommaso Bombelli, nahmen mit ihm Verbindung auf. Wichtiger ist seine enge Beziehung zu den lebenden niederländischen Künstlern, wie Jan Gossaert, Bernard van Orley, Joachim Patinir, Jan Provost, Dirck Vellert und Lucas van Leyden. Gleich nach seiner Ankunft in Antwerpen hatte ihm die Malergilde ein glanzvolles Festbankett *mit silber geschierr und anderen köstlichen geziehr* bereitet. Man spürt seinen Stolz, wenn er berichtet: *Und do ich zu tisch geführet ward, do stund das volck auf beeden seuten, als führet man einen grosen herren. Es waren auch unter ihnen gar trefflich personen von namen, die sich all mit tieffen naigen auf das allerdemütigste gegen mich erzeugten. Und sie sagten, sie wolten alles das thun, als viel möglich, was sie westen, das mir lieb were.* Zu dem Bankett, zu dem auch die Frauen der Maler geladen waren, überbrachte der Ratsbote mit zwei Knechten von dem *Herren von Antorff* eine Weinspende, desgleichen der Ratszimmermann. Anschließend empfing man Dürer im Rathaus und führte ihn durch die Werkstatt des angesehensten Malers der Zeit, Quinten Massys. Man zeigte ihm auch die Festdekoration, die für den Einzug Karls V. angefertigt wurde. Nachts wurde er mit seiner Frau Agnes in feierlichem Geleit mit Windlichtern zur Herberge zurückgebracht.

Die festlichen Empfänge wiederholen sich, wohin er auch kommt: In Gent und Brügge oder in Brüssel bei Bernard van Orley, dem Hofmaler der Statthalterin Margarete. Der König von Dänemark, Christian II., den er zeichnet (London [W. 815]) und malt, lädt ihn zu dem Bankett, das er seinem Schwager, Kaiser Karl V., und der Statthalterin gibt. Zu einem anderen Festessen, das ihm die Goldschmiede bereiten, wird auch Erasmus geladen. Auf der Hochzeit des Joachim Patinir, dem er eng verbunden war, ist er ebenfalls hochgeehrter Gast. Bei der Statthalterin Margarete begegnet er auch seinem Landsmann, dem Bildschnitzer Conrat Meit von Worms, den er später in Mecheln zu Tisch lud. Er bewunderte dessen Kunst mit Recht auf das höchste, er habe *seines gleichen nicht gesehen,* meint er.

Der Maler Jan Provost, dessen Bildnis Dürer festhielt, kam eigens aus Brügge, um den Meister zu sehen, und später bereitete er ihm in der Heimatstadt einen glanzvollen Empfang. Dürer traf auch mit einem Schüler Raffaels, Tommaso Vincidor aus Bologna, zusammen, der von Dürer eine Bildniszeichnung schuf, die nur als Nachstich überliefert ist.[44]

Der Italiener erzählte ihm von der Auflösung des Nachlasses seines Lehrers, der ein Jahr zuvor gestorben war, und versprach ihm – wohl im Austausch gegen Dürers Stiche – *des Raffael Ding* zu verschaffen, womit wohl die Stiche des Marcantonio Raimondi nach Raffael zu verstehen sind. Dürer hatte ja schon früher selbst mit Raffael Arbeiten ausgetauscht.

Während der letzten Wochen seines Aufenthalts in Antwerpen begegnet er auch dem zarten, jungen Lucas van Leyden, der seinen

Stil an Dürer bildete und der als Wunderkind galt, weil er schon mit zwölf Jahren vollendete Blätter stach. Dürer erwirbt alle seine Stiche und zeichnet *das kleine männlein*. Man kann es auf der schönen, knappen Silberstiftzeichnung in Lille [W. 816] sofort sehen, daß er Dürer nicht lange überleben wird.

Die Bilderstürmer hatten damals noch nicht mit Axt und Brand in den Kirchen gewütet. Alle Paläste und Gotteshäuser waren voll der herrlichsten Gemälde der altniederländischen Kunst. Nun stand Dürer vor den großen Meisterwerken der van Eyck, des Rogier van der Weyden oder des Hugo van der Goes, und damit schöpfte er zum erstenmal aus den reinen Quellen, die in der deutschen spätgotischen Kunst nur sehr getrübt seine Anfänge bestimmt hatten. In St. Bavo bewunderte er den Genter Altar, und bei der Statthalterin der Niederlande, die ihm ihre Schätze vorführte, sah er van Eycks wohl großartigstes Werk, das «Verlöbnisbild des Arnolfini», das heute in der Nationalgalerie in London hängt. In Gent und Brügge besichtigte er die berühmten «Gerechtigkeitsbilder» Rogiers, *des großen meisters*, wie er ihn nennt, und das *gut gemäl* des Hugo van der Goes im Nassauer Palais, die alle nicht mehr erhalten sind.

In Brügge bewunderte er auch das *alabaser Marienbild, das Michael Angelo von Rohm gemacht hat*. Sicher hat ihm Margarete auch ihre Bibliothek gezeigt, mit den herrlichen Miniaturen der Brüder van Limburg in dem Gebetbuch des Duc de Berry, das sich heute in Chantilly befindet, oder die berühmten Arbeiten der Alexander und Simon Bening oder Gerard Horenbouts. Dort begegnete er auch den Bildern des Iacopo de' Barbari, der wenige Jahre vorher als Hofmaler Margaretes gestorben war. Margarete verweigerte ihm aber die Einsicht in dessen «Büchlein», weil sie es bereits ihrem Hofmaler Bernard van Orley versprochen hatte. Es ist zu vermuten, daß es sich dabei um Proportionsstudien Barbaris handelte, die Dürer natürlich brennend interessiert hätten.

Die Begegnung mit der altniederländischen Kunst, vor allem mit den meisterlichen Bildnissen der van Eycks und Rogiers, haben deutlich auf den Spätstil Dürers abgefärbt. Seine späten Bildnisse sind ganz aus dem Geist jener Malerei geschaffen. Aber auch der Zeichenstil Dürers – nicht zuletzt in seinem Silberstift-Skizzenbuch[45], das er auf der Reise mit sich führte – wirkt weicher, «niederländischer» und ist gelegentlich von stillebenhafter Zuständlichkeit, die Vermeer vorwegzunehmen scheint.

Dieser niederländische Charakter prägt auch die großen gezeichneten Passions-Szenen in Florenz, Basel, Frankfurt und Nürnberg [W. 793–799], die deutlich verraten, daß er vor Abschluß seines Lebens sein altes großes Thema – die Leidensgeschichte Christi – nochmals aufgreifen wollte. Die breitformatigen Blätter sind von vornherein so sehr auf Farbe hin angelegt, daß Dürer für die endgültige Ausführung wohl an große Tafelbilder dachte.

Nach seinen eigenen Aufzeichnungen hat Dürer während des Aufenthaltes in den Niederlanden etwa hundertfünfzig Bildnisse geschaffen. Davon sind in den Resten der beiden Skizzenbücher und als Einzelblätter immerhin noch etwa vierzig erhalten geblieben. Von dem halben Dutzend gemalter Bildnisse, die Dürer erwähnt, sind dagegen nur zwei auf unsere Zeit gekommen: das des Steuereinnehmers Lorenz Sterck, das stark beschädigt in Boston hängt, und ein anderes in Dresden, das Bernhard von Resten darstellen soll. Von dem Bildnis des dänischen Königs Christian II. hat sich nur die große Kohlevorzeichnung [W. 815] erhalten.[46] Dürer hat also bei seinem Aufenthalt in den Niederlanden beinahe jeden zweiten Tag ein Bildnis gezeichnet, und es ist anzunehmen, daß es sich bei den meisten um jene großen Kohle- und Kreidezeichnungen auf ganzen Foliobögen handelt, von denen es heute noch etwa ein Dutzend gibt.[47]

Einige davon, vor allem das prachtvolle Bildnis seiner Frau Agnes (Berlin [W. 814]), auf dem er vermerkt, daß er sie in niederländischer Kleidung gezeichnet habe, nachdem sie 27 Jahre verheiratet gewesen seien, oder dasjenige seines portugiesischen Freundes Rodrigo d'Almada (Berlin [W. 813]) gehören zu den besonders reifen Werken aller abendländischen Bildniskunst.

Die Liste der Bildnisse zeigt, daß alles, was Rang und Namen hatte, sich zu dem berühmten Maler drängte, und es scheint, daß fast jeder Besuch mit einer Porträtsitzung abgeschlossen wurde. Die meisten dieser Zeichnungen hat Dürer in der Hoffnung auf ein Gegengeschenk umsonst weggegeben. Wie es scheint, ist er dabei oft enttäuscht worden, so daß die Einnahmen der Reise die Ausgaben nicht entfernt deckten und er einmal 100 Gulden aufnehmen muß. Nur der abenteuerliche und gewalttätige, aber kunstsinnige Christian II. von Dänemark, der sich im Exil in den Niederlanden befand und ähnlich wie Dürer als Bittsteller zu Karl V. kam, um das Erbe seiner Frau – einer Schwester des Kaisers – zu erbitten, hat Dürer fürstlich entlohnt.

Die erhaltenen Bildnisse sind nicht alle von gleicher Dichte und Eindringlichkeit. Aber dort, wo ihm sein Gegenüber entsprach, hat Dürer nicht nur erschöpfend und unbestechlich alles Physiognomische festgehalten – was ihn am meisten interessierte –, sondern auch Deutungen des Charakters gegeben. Von den zwei Bildnissen, die er von Erasmus schuf, ist nur eines im Louvre [W. 805] erhalten geblieben. Die flüchtige Zeichnung ist auffallend flau und seltsam unentschieden. Bei dem milden, mürben Greis der Zeichnung spürt man jedenfalls nichts von dessen voltairischer Verstandesschärfe, die in den unvergleichlich besseren Erasmus-Bildnissen des jüngeren Holbein so deutlich zum Ausdruck kommt. Es ist wenig wahrscheinlich, daß der selbstbewußte Dürer auf der Höhe seines Ruhmes vor dem weltberühmten Mann befangen war. Aber die ganze Art dieses kühlen, abstrahierenden Geistes muß ihm wesensfremd gewesen sein. Auch der Stich, den er fünf Jahre später, wohl nach Skizzen, schuf, ist eine der schwächsten Arbeiten Dürers. Aus den Tischreden Luthers wissen wir, daß der Stich weder diesem noch dem Erasmus gefiel.

In vielen Äußerungen des Tagebuchs spürt man Dürers Weltneugierde. Er sammelt ausgefallene Kuriositäten: eine große Schildkrötenschale, einen Fischpanzer, Hörner und Klauen, Muscheln und Korallen, chinesisches Porzellan, einen Papagei, kostbare Stoffe und seltenes Pelzwerk.

Auf einer Reise nach Brüssel sah er im Schloß das Gold, das Cortés von dem indianischen Herrscher Montezuma II. in Mexiko erpreßt hatte. Dürer meinte: *... ich hab aber all mein lebtag nichts gesehen, das mein hercz also erfreuet hat als diese ding.* Er verwundert sich *der subtilen jngenia* der Menschen aus dem fremden Land, und er schätzt deren Wert auf 100 000 Gulden. Unter den bewunderten Kostbarkeiten befanden sich eine goldene Sonne und ein silberner Mond, je einen ganzen Klafter breit, dazu zwei Kammern voll Rüstungen und seltsamer Dinge, *das do viel schöner an zu sehen ist dan wunderding.*

Um einen gestrandeten Wal zu besichtigen, reist Dürer eigens nach Seeland, aber bis er ankommt, hat die Flut den Kadaver wieder ins Meer zurückgespült. Er zeichnet den *Kopf eines Walrosses* [W. 823], das in der niederländischen See gefangen wurde, *Irische Kriegsleute und Bauern* [W. 825] sowie *Livländerinnen* in auffälligen Trachten [W. 826–828]. Dürer kommt bei dieser Reise in ernste Lebensgefahr, als sich sein Schiff, das bereits von der Mannschaft verlassen war, beim Sturm losreißt und aufs offene Meer hinaustreibt.

Das einzige große religiöse Bild, das Dürer in den Niederlanden malte, ist die Halbfigur eines *Heiligen Hieronymus,* der, trüben Blicks den Betrachter beschauend, mit seiner Linken auf einen Schädel zeigt. Für dieses «memento mori», das sich heute in Lissabon befindet und das Dürer im Auftrag seines Freundes Rodrigo d'Almada schuf, hat er sorgfältige, sehr große Pinselstudien aller Einzelheiten angefertigt und wörtlich in die Bildtafel übertragen, so daß das ganze Werk ein wenig zusammengestellt wirkt. Der Kopf entspricht dabei der Naturstudie nach einem dreiundneunzigjährigen Alten, die in einer erschütternd großartigen Zeichnung des Berliner Kupferstichkabinetts vorliegt [W. 789]. In dem berühmten Blatt der Albertina hat Dürer diesen Kopf gleichsam in Schönschrift umgesetzt [W. 788]. In der Zeichnung des Bartes versprüht er dabei ein wahres Feuerwerk seiner Linienkunst, das von der kunstvollen Malerei der Lissabonner Tafel aber eher noch übertroffen wird. Die bestürzende Wahrheit der Berliner Zeichnung geht aber bei soviel künstlicher Kunst weitgehend verloren. Dürer hat hier bereits ein vollendetes Werk des Manierismus geschaffen.

Am 4. Oktober 1520 macht sich Dürer auf nach Aachen, wo er der Kaiserkrönung Karls V. beiwohnt. Anschließend ist er zwei Wochen in Köln und sieht dabei das glanzvolle Bankett und den Tanz der Fürsten, die zu Ehren des Kaisers veranstaltet werden. Damals begann er mit dem Silberstift in ein Büchlein zu zeichnen, das in sorgfältiger Ausführung Bildnisse, wunderbare Architekturaufnahmen, etwa des Rathauses und Münsters von Aachen, daneben Hunde, Löwen und Pferde enthält. Daneben stehen aber auch ganz unwichtige, stillebenhafte Gegenstände, wie Bodenfliesen, Kannen, Mörser oder Truhen, von denen man es nicht so recht versteht, warum sie Dürer mit solcher Hingabe aufnahm. Das Büchlein ist weniger eine Materialsammlung als ein ganz persönliches Erinnerungsbüchlein, in dem sehr deutlich seine Lust am Zeichnen zum Ausdruck kommt.[48] Auf der ersten Seite erscheinen die prachtvollen Köpfe seiner Nürnberger Landsleute, der Ratsherren Paul Toppler und Martin Pfinzing, die die Reichskleinodien aus Nürnberg überbracht hatten. Dürer traf mehrmals mit ihnen zusammen, und als ihr Gast war er von Antwerpen nach Aachen zur Kaiserkrönung gereist.

Er erwähnt ausdrücklich die antiken Porphyr-Säulen im Aachener Münster, die Karl der Große aus dem Palast Theoderichs des Großen in Ravenna entführt hatte. In Köln läßt er sich in der Rathauskapelle den berühmten Altar Stephan Lochners aufsperren, der heute im Kölner Dom steht. Seiner Notiz verdanken wir es, daß der Name des Malers überhaupt wiedergefunden wurde.

In Aachen schenkte Dürer *dem Mathes* für zwei Gulden Kunst, wobei es sich wohl um graphische Blätter handelt. Es steht nicht fest, wer dieser «Mathes» war – vielleicht Matthes Püchler, der schon unter Maximilian I. Registrator der kaiserlichen Kanzlei war und der auch in Köln die Anweisung an die Stadt Nürnberg ausfertigte, Dürer sein Leibgeding von 100 Gulden *sein leben lang* aus der *statsteuer* zu bezahlen. Es könnte sich aber bei «Mathes» auch um Grünewald handeln, denn dieser war ja Hofmaler des Mainzer Kardinals Albrecht von Brandenburg, der als Kurfürst bei der Kaiserkrönung eine wichtige Rolle spielte.

Grünewald trug das Hofgewand des Kardinals und gehörte wohl sicher zu dem glanzvollen Gefolge, das den Kurfürsten in Aachen umgab. Es läßt sich jedoch nicht beweisen, daß Dürer Grünewald begegnet ist. Da dieser aber die zwei Standflügel zu einem Hauptwerk Dürers, dem *Heller-Altar*, gemalt hatte, wäre es seltsam, wenn sich die beiden großen Meister nicht getroffen hätten. Das Abgründige und Maßlose der Kunst Grünewalds muß Dürer erschreckt, vielleicht sogar abgestoßen haben. Die einsame Größe Grünewalds ist ihm sicher nicht entgangen.

Nachdem Dürer am 12. November die kaiserliche Bestätigung seiner Pensionsansprüche erhalten hatte, begab er sich unverzüglich auf die Rückreise nach Antwerpen. Auf dieser Reise wurde seiner Frau der Geldbeutel gestohlen.

Zu den genialsten Arbeiten Dürers auf der Reise gehört die Silberstiftzeichnung der zwanzigjährigen Mohrin Katharina, die er im Hause des Joano Brandano, des Handelsvertreters des portugiesischen Königs, traf. Der Ausdruck des Gesichtes schwebt zwischen einer fast tierhaften Animalität und verträumter Melancholie. Obwohl sich Dürer mit großer Hingabe vor allem um die schwellende, plastische Form bemühte, wirkt das Blatt erstaunlich farbig.

Bildnis eines Dreiundneunzigjährigen, 1521. Pinsel. Wien, Albertina (Ausschnitt)

Das niederländische Tagebuch ist über weite Strecken ein nüchternes Notizbüchlein, in dem vor allem die Ausgaben und Einnahmen mit kleinlicher Genauigkeit vermerkt werden. Aber in dem Augenblick, da Dürer von dem vermeintlichen Anschlag auf Luther hört, bricht es aus ihm mit Urgewalt heraus. Es gibt kaum Zeugnisse, die über den Menschen Dürer mehr aussagen als dieser entsetzte Aufschrei. Diese Zeilen offenbaren Dürers Verhältnis zu Luther und zur Reformation, die damals alle verantwortungsbewußten Menschen leidenschaftlich herbeisehnten.

Luthers Anschlag der Thesen (1517) hatte die Geister ungeheuer erregt, und der rebellische Mönch mußte schon gegen Ende des Jahres 1518 täglich den Bannstrahl aus Rom erwarten. 1520, während der niederländischen Reise Dürers, brachte er seine drei aufwühlenden Reformationsschriften heraus. Dürer hatte bereits im Oktober einen *tractat des frommen mans* und eine Verdammung Luthers – «Condemnatio Lutheri» – erworben. Etwa gleichzeitig hatte er den prachtvollen Charakterkopf des Kaspar Sturm [W. 765], der ein glühender Anhänger des ungebärdigen Reformators war, in seinem Skizzenbüchlein festgehalten. Sturm war gerade in diesen Tagen, als ihn Dürer zeichnete, zum «Erenhold» (= Herold) des Reiches ernannt worden. Als er im Jahr darauf Luther von Wittenberg zum Reichstag nach Worms geleiten mußte, gestaltete er diese Reise zu einem wahren Triumphzug. Er ist wohl auch der Verfasser der ersten anonymen Flugschrift über Luthers Verhör und einer Reihe anderer Schriften, die nachhaltig Partei für ihn ergriffen.

Daß Sturm in Worms trotz seines kaiserlichen Amtes mit seiner Meinung nicht hinter dem Berg hielt, geht aus einer Äußerung des päpstlichen Legaten Hieronymus Aleander hervor, der ihn als «einen übermütigen Mann und Tölpel» und als «einen grimmigen Feind des Klerus» bezeichnete.

Es kann gar keinen Zweifel geben, daß Dürer durch Sturm über Luther genau unterrichtet war. Als er am 17. Mai 1521 erfährt, daß man diesen *verrätherlich gefangen hett*, und er sogar befürchtet, daß man ihn ermordet habe, bricht er in bewegte Klage aus.

Er meint, daß der Leidensweg Luthers dem Passionsweg Christi gleiche, der ebenfalls durch den Verrat der Priester sterben mußte. Dürers Ausführungen lassen vermuten, daß er Luthers Aufruf an den «Christlichen Adel deutscher Nation von des christlichen Standes Besserung», der im August des Jahres vorher erschienen war, gelesen hatte. Die Schriften Luthers – meint er – seien in großen Ehren zu halten und nicht zu verbrennen, denn jeglicher, der Bücher liest, müsse erkennen, *wie sein lehr so klar durchsichtig ist, so er das heilig evangelium furth* (vorträgt).[49]

Dürer spielt auf die Verbrennung der lutherischen Schriften an, die in Loewen und Köln stattgefunden hatte. Er ist auch mit Luther einig in der Ablehnung der Ausplünderung der Deutschen durch die römische Kurie. Die unter Blut und Schweiß errungenen Erträgnisse würden von einer Schar lasterhafter Müßiggänger verpraßt, indes

Die Mohrin Katharina, 1521. Silberstift. Florenz, Uffizien

die Notleidenden und Kranken an Hunger stürben. In tiefster Herzensnot entringt sich seiner Brust die Bitte:

O Gott, ist Luther todt, wer wird uns hinfürt das heilig evangelium so clar fürtragen! – O ihr alle fromme christen menschen, helfft mir fleissig bewainen diesen gott geistigen menschen und ihn (Gott) *bitten, das er uns ein andern erleuchten mann send.*

Diesen anderen Mann sieht er in Erasmus von Rotterdam, und er fordert ihn auf:

O Erasme Roderadame, wo wiltu bleiben? Sieh, was vermag die vngerecht tyranney der weltlichen gewahlt vnd macht der finsternüß!

Hör, du ritter Christj, reith hervor neben den herrn Christum, beschücz die warheit, erlang der martärer cron! Er meint: *Du bist doch sonst ein altes meniken* (Männchen), und er, Dürer, habe gehört, daß Erasmus sich selbst nur noch zwei Jahre gegeben habe, und die solle er anlegen, um dem christlichen Glauben zu dienen.

In den Aufzeichnungen Dürers erscheint auch ein *Meister Jakob*, mit dem er freundschaftlich verkehrt, den er zeichnet und malt, und es ist zu vermuten, daß es sich dabei um Jakob Propst, den Prior der Antwerpener Augustiner, handelt, der die lutherische Richtung in den Niederlanden so leidenschaftlich verfocht, daß er gegen Ende des Jahres 1521 gefangen nach Brüssel geführt wurde, wo er sich der drohenden Verurteilung nur durch eine Flucht nach Nürnberg entziehen konnte. Weniger Glück hatte ein anderer Vertriebener, der Prior Heinrich von Zutphen, der in Deutschland bestialisch mißhandelt und bei lebendigem Leib verbrannt wurde.

In dieser Zeit war die Reformation noch nicht so weit fortgeschritten, daß eine strenge Scheidung zwischen Katholiken und Protestanten eingetreten gewesen wäre. Obwohl Luther das verweltlichte Papsttum mit der «höllen pforten» gleichsetzt, glaubt er noch auf dem Boden der Kirche zu stehen.

Im Gegensatz zu seinem Freund Pirckheimer, der zuletzt wieder fest zum überlieferten Glauben zurückkehrte, hat sich Dürer in vielen Äußerungen zu Luther bekannt, von dessen Wirken er sich eine Besserung der kirchlichen Mißstände erhofft hatte.[50] Auch der Rat der Stadt Nürnberg stellte sich 1525 offen auf die Seite des Reformators. Dadurch wurden viele religiöse Schwarmgeister angezogen, und einer der radikalsten, der sächsische Wiedertäufer Karlstadt, scheint sogar zeitweise Dürer nahegestanden zu haben, denn 1521 widmete Karlstadt ihm eine seiner Schriften und bezeichnete ihn dabei als seinen «geliebten günner».

Der Rädelsführer aller unruhigen Elemente in Nürnberg scheint Hans Denk, der Schulmeister bei St. Sebald, gewesen zu sein. Er stand in enger Verbindung mit dem sächsischen Wiedertäufer Karlstadt und beherbergte 1524 auch Thomas Müntzer, der als radikaler Anführer der aufständischen Bauern hervortrat. Der Rat der Stadt ließ Hans Denk anfangs Januar 1525 verhören. Zur gleichen Zeit wurde bekannt, daß sich auch mehrere Maler, nämlich die beiden Brüder Beham, Georg Pencz und Ludwig Krug, ketzerisch geäußert hätten. Während Krug durch Widerruf freikam, wurde ein längeres Verhör gegen die «drei gottlosen Maler» eingeleitet.

In den erhaltenen Protokollen steht, sie könnten nicht glauben, daß in der heiligen Messe in Brot und Wein wirklich der Leib und das Blut Christi gegenwärtig seien. Der Heiligen Schrift könnten sie nicht vertrauen, und auch die Taufe lehnten sie ab, denn das sei alles bloßer Menschentand. Man hielt Barthel Beham vor, er und sein Bruder hätten verbreitet, man solle nicht mehr arbeiten und es müsse eine allgemeine Teilung stattfinden. Außerdem hätten sie keine Achtung vor der Obrigkeit. Barthel meinte dazu, außer Gott kenne er keine Obrigkeit. Es wurde ihnen dazu vorgeworfen, daß sie sich mit den Büchern von Karlstadt und Müntzer zu schaffen machten. Aufschlußreich ist, daß die Maler betonten, sie seien nicht erst durch Luther irregemacht worden. Das Gericht ließ die drei Maler, von denen Barthel Beham dreiundzwanzig, die beiden anderen zwei Jahre älter waren, aus der Stadt verweisen.

Aus den freimütigen Äußerungen der «drei gottlosen Maler» hört man die Unruhe heraus, die in Nürnberg alle Ordnung zu zersetzen drohte. Dürer muß von dem Prozeß tief erschreckt gewesen sein, da Georg Pencz als «Malknecht» in seinem Hause geweilt hatte und die beiden hochbegabten Brüder Beham ganz auf seinem Werk aufbauten. Nun erlebt er, daß sich in seiner nächsten Nähe Anarchie und Gottlosigkeit breitmachen und alle Fundamente zu wanken beginnen.

DIE «VIER APOSTEL»

Zahlreiche Zeichnungen verraten, daß Dürer nach der niederländischen Reise monumentale Werke plante, die seiner Vorstellung von großer Form nochmals einen endgültigen Ausdruck geben sollten. So haben sich zahlreiche Vorarbeiten für eine *Große Kreuzigung* [W. 858–869] und besonders für ein *Marienbild mit vielen Heiligen* [W. 836–857] erhalten, das das *Rosenkranzfest* vielleicht in den Schatten gestellt haben würde. Offenbar unter dem Eindruck des «Gottlosenprozesses» wandte sich Dürer dann aber den *Vier Aposteln* zu. Jedenfalls begann er bereits während der Verhandlungen oder kurz danach mit den vorbereitenden Zeichnungen. In diesen vier Gottesmännern wies er auf die unerschütterlichen Pfeiler des Glaubens. Er führte sie seinen Mitbürgern als ernste Mahnung vor, damit sie sich von den Schwarmgeistern und Aufrührern, die an allen Ecken und Enden ihr Haupt erheben, fernhielten. In der Unterschrift zu den Tafeln ermahnt er die weltlichen Regenten, in diesen aufgewühlten Zeiten nicht menschlicher Verführung Glauben zu schenken. Er weist auf die Warnung der *trefflich vier menner Petrum, Johannem, Paulum vnd Marcum* hin. So spricht Petrus von den falschen Lehrern, die *vnter euch sein werden* und *einfuren werden verderbliche seckten ...* Johannes mahnt, die Geister zu prüfen, ob sie von Gott sind – *Denn es sind vil falscher propheten ausganngen in die Welt.* Auch das Wort des Paulus ist angeschrieben, in dem er von den Menschen spricht, die die Wollust mehr als Gott lieben, obwohl sie mit der Gebärde eines Gottseligen erscheinen. Markus warnt vor den Schriftgelehrten, die gerne in langen Kleidern gehen und die sich grüßen lassen auf dem Markt und immer obenan sitzen in den Schulen und bei Tisch: *die fressen der wittwen heuser, vnnd wenden langs gepet* (Gebet) *fur, Die selben werden dester mer verdambnus empfahen.*

Diese Mahnungen wurden nach dem Entwurf des Nürnberger

Schreibmeisters Johann Neudörfer sorgfältig unter die Tafeln gemalt. Auf Neudörfer geht auch der erste Hinweis zurück, daß in den vier Gestalten die «vier Temperamente» verkörpert seien. Ebenso spricht Sandrart von den «vier Komplexionen». Daß Dürer mit diesen Vorstellungen der mittelalterlichen Lehre von den Temperamenten vertraut war, geht aus einem Entwurf zum ästhetischen Exkurs der Proportionslehre in der Nürnberger Stadtbibliothek hervor, wo Dürer ebenfalls von den verschiedenen Komplexionen der Menschen spricht. Wenn das zutrifft, dann müßte Johannes den Sanguiniker, Markus den Choleriker, Paulus den Melancholiker und Petrus den Phlegmatiker vorstellen.

Seit der niederländischen Reise scheint Dürer nicht mehr ganz gesund gewesen zu sein. Die schwindende Lebenskraft mag ihn besonders angespornt haben, seiner Vaterstadt dieses Vermächtnis zu hinterlassen, das in diesen apokalyptisch-erregten Zeiten zugleich

Entwurf zu einem Marienbild.
Feder. Um 1521. Bayonne, Musée Bonnat

eine ernste Mahnung für seine Mitbürger sein sollte. Er nahm erneut die Gestaltung der großen Gottesmänner in Angriff, die er bereits in seinen Stichen von 1514 und 1523 dargestellt hatte. Wie aus einem Ratserlaß vom 6. Oktober 1526 hervorgeht, hatte Dürer die zwei großen Tafeln mit den *Vier Aposteln: zue seyner gedechtnus gemacht vnnd die eynem erbern rath zwgestellet vnd damit verert . . .*[51]

Sein ganzes Leben lang hat es Dürer immer wieder nach monumentalem Ausdruck gedrängt. In seiner Frühzeit ist es ausschließlich der nackte Mensch, den er im Anschluß an Platon und an die Kunst des Südens in vollkommener Schönheit neu erschaffen möchte. Am Ende seines Lebens wendet er sich nun wieder der alten Aufgabe des

Folgende Doppelseite:
«Die Vier Apostel», 1526. Gemälde. München, Alte Pinakothek

ALBRECHT DÜRER
JOHANNES EV UND PETRUS

ALBRECHT DÜRER (1471-1528): PAULUS UND MARCUS

Johannes und Petrus. Ausschnitt aus den «Vier Aposteln»

Nordens zu – der Gewandfigur. Die Köpfe der vier Apostel sind gewiß von höchster Ausdruckskraft und voll geistiger Spannung, das eigentliche Gewicht erhalten die beiden Bildtafeln aber erst durch die monolithische Wucht der gewaltigen Mäntel, die die Körper völlig verdecken. Sie sind die eigentlichen Sinnträger, und sie allein machen diese zwei Bilder erst so bedeutend.

Der übermächtige Mantel des Paulus in kaltem Blaugrün ist wie eine geologische Verwerfung hart gebrochen, während in dem leuch-

Markus und Paulus. Ausschnitt aus den «Vier Aposteln»

tend roten des Johannes das mächtige Strömen einer Schöpfungsmaterie sichtbar zu werden scheint. Sie sind abstrakte Formerfindungen von höchster Ausdruckskraft und unbeirrbarer Sicherheit. In ihnen lebt etwas von den mächtigen Gewanderfindungen, die Veit Stoß in den überlebensgroßen Aposteln des Krakauer Altares geschaffen hat. Aber während Veit Stoß immer im Bereich einer «teutonischen» Sprechweise bleibt, überschreitet Dürers Aussage alle vaterländische Begrenzung. Diese vier gewaltigen Männer sind in

Ulrich Varnbühler, 1522. Holzschnitt

ihrer großartigen menschlichen Auffassung und in ihrem starken, irdischen Verhaftetsein ebenso Nachkommen der Antike. Sie haben wenig mehr von mittelalterlich-kirchlicher Bindung und Einengung. Sie stehen hier zwar als die unerschütterlichen Bewahrer des alten Gotteswortes, aber sie gebärden sich zugleich als große, unabhängige Streiter, als die Verkörperung einer neuen, von reformatorischem Geist erfüllten Generation.

Man hat mit Recht auf die italienischen Wurzeln der Bildidee hingewiesen und zum Vergleich die beiden Altarflügel zu dem großen Marienbild des Giovanni Bellini von 1488 in der Frari-Kirche in

Venedig herangezogen. Die Aufreihung stehender Figuren erscheint oft in der italienischen «Santa Conversazione» des Quattrocento. Durch die tiefangelegte Augenhöhe, die die Figuren über menschliches Maß hinauswachsen lassen soll, müssen dabei die rückwärtigen Figuren perspektivisch verkleinert werden.

Dürers Bild hat mit der Fassung Bellinis gemeinsam, daß aus der meist längeren Reihe nur jeweils zwei Figuren abgesondert wurden. Es scheint aber, daß der entscheidende Keim für Dürers Vorstellung weniger auf die Heiligen Bellinis zurückgeht als vielmehr auf die Gestalten von Petrus und Paulus auf dem linken Flügel des großen Marienaltares, den Mantegna für San Zeno in Verona geschaffen hat. Entscheidend ist dabei, daß wie in Dürers Apostel-Tafeln die hintere Gestalt in die Bildebene gedreht wurde. Manches spricht dafür, daß Dürer schon auf seiner ersten Italien-Reise dieses berühmte Hauptwerk des von ihm hochverehrten Mantegna aufsuchte. Genauso entscheidend ist es aber, daß die Gestalten der Apostel – außer in den Gewandfiguren etwa des Veit Stoß – auch im Werk Martin Schongauers unmittelbare Vorläufer haben. Es ist nie darauf hingewiesen worden, wie sehr der Typus dieser Apostel in den kleinen Apostelstichen Schongauers, etwa im Matthäus oder Simon, bereits vorgebildet ist. Freilich sind diese Stiche kleine «Heiligenbildchen», aber daneben gibt es die gewaltige Zeichnung Schongauers zu einem «Stehenden Apostel mit Buch» im Britischen Museum, London[52], dem schon ganz die Wucht und Größe und das übermenschliche Maß der Gottesstreiter Dürers eignet. Auch in Dürers Zeichnung *Kopf eines bärtigen Greises*, die Frits Lugt dem Institut Neerlandais in Paris vermachte und die im engsten Anschluß an eine Vorlage Schongauers entstanden sein muß, ist schon der Typus vorgebildet, der in den Köpfen der vier Apostel seinen pathetisch-großartigen Ausdruck fand.[53]

Zu den ausgereiften Werken der Spätzeit Dürers gehören einige Bildnisse. Unerreicht ist dabei der Holzschnitt seines Freundes, des kaiserlichen Rates und Protonotars Ulrich Varnbühler, von 1522. Der hochgebildete Humanist, der auch mit Erasmus von Rotterdam befreundet war, könnte nach seinem Aussehen fast der Anführer eines verwegenen Landsknechtshaufens sein.

Von dem herrischen Kardinal Matthäus Lang, dem Fürstbischof von Salzburg und ehemaligen Sekretär Maximilians I., war ebenfalls ein ähnlich großartiger Holzschnitt geplant. Es kam aber nur bis zur Werkzeichnung, die auf den Stock gepaust werden sollte (Wien [W. 911]).[54] Auch von Kardinal Albrecht von Brandenburg, von dem er schon 1519 im Anschluß an den Augsburger Reichstag einen Stich geschaffen hatte, fertigte Dürer erneut ein höchst aufschlußreiches Kupferstich-Bildnis. Dazu hat sich in Paris die Silberstiftvorzeichnung [W. 896] erhalten, die Dürer in Nürnberg zeichnete, als sich der Kardinal dort im Frühjahr 1523 aufhielt. Dürers Stellung zu diesem hemmungslosen Sinnenmenschen wird an der mitleidlosen

Wirklichkeitstreue, mit der er die brutale Diesseitigkeit dieses Gesichts aufzeichnete, deutlich. Im September des gleichen Jahres schickte Dürer dem Kardinal die Kupferplatte und 500 Abzüge.

Ein Jahr später entstehen die meisterlichen Bildnisstiche von Kurfürst Friedrich III. dem Weisen, seinem alten Gönner, und von Willibald Pirckheimer. Zuletzt stach er 1526 Melanchthon und Erasmus in Kupfer.

Neben diesen entstehen 1526 – im selben Jahr wie die *Vier Apostel* – zwei gemalte Tafeln mit den Bildnissen der Nürnberger Ratsherren Hieronymus Holzschuher und Jacob Muffel. Es sind Wunderwerke der Feinmalerei, die ein beredtes Zeugnis ablegen von Dürers Begegnung mit der Malerei der van Eyck und Rogier van der Weydens auf der niederländischen Reise. In der einläßlichen Sachschilderung der Gesichter kehrt Dürer zu dem Naturalismus seiner frühesten Bildtafel des Vaters von 1490 in Florenz zurück, die ja auch auf niederländischen Voraussetzungen beruht. Das wird besonders deutlich, wenn man in Berlin im gleichen Raum diese späten Bildnisse mit dem der jungen Frau vergleicht, das Dürer in Venedig oder kurz danach – also zwei Jahrzehnte vorher – gemalt hatte. Der breite, malerische Farbauftrag der frühen Tafel – ganz im Stil der Bellini – wirkt unendlich freier und moderner.

Das letzte Bildnis Dürers, das des Johann Kleeberger von 1526 in Wien, ist besonders faszinierend. Gegen die etwas kleinliche Genauigkeit der zwei Nürnberger Ratsherren steht hier in großzügiger, farbig unterkühlter Malerei ein rätselhaftes Antlitz mit bannendem Blick. Allein schon durch den antikischen Zuschnitt ist es der bürgerlichen Welt entrückt.

Johann Kleeberger stammte aus der Hefe des Volkes. Er hieß eigentlich Scheuenpflug, und sein Vater hatte ihn mitgenommen, als er mittellos aus unbekanntem Anlaß Nürnberg verließ. Der Sohn tauchte dann 1526 mit einem geradezu märchenhaften Vermögen, das er sich wohl als Bankier der Könige von Frankreich erworben hatte, wieder in Nürnberg auf und nannte sich Kleeberger. Zwei Jahre später heiratete er eine der ersten Damen des Nürnberger Patriziats, Felicitas, die Tochter Willibald Pirckheimers, die mit Hans Imhoff d. J. vermählt und seit 1526 verwitwet war.

Felicitas hatte den geheimnisvollen Mann gegen den Willen ihres Vaters geheiratet. Kleeberger verschwand wenige Tage nach der Hochzeit, und als seine Frau kurz darauf starb, flüsterte man, ihr Mann habe sie durch ein langsam wirkendes Gift umgebracht. Kleeberger tauchte später in Lyon auf, wo man ihn den «bon allemand» nannte. Er verteilte sein ungeheures Vermögen unter die Armen, die ihm zu Ehren ein hölzernes Standbild errichteten, das im 19. Jahrhundert durch ein noch heute stehendes Steinbildwerk ersetzt wurde.

Man spürt es sofort, wie Dürer von dem rätselhaften Menschen gepackt war, wie die freie, abenteuerliche Luft, die um diesen Weltmann wehte, auch ihn frei machte von allzu kleinlicher Kläubelei. In den Zwickeln der Bildtafeln hat Dürer außer seinem Namens-

Johann Kleeberger, 1526. Gemälde. Wien, Kunsthistorisches Museum

zeichen und den Wappen Kleebergers links oben ein astrologisches Signum angebracht, das als die Sonne im Zeichen des Löwen gedeutet wird. Dürer mag in den seltsam verschlungenen Schicksalswegen des düster blickenden Mannes das Wirken siderischer Mächte erschauernd gespürt haben. Ist in den hintergründigen Augen, die wohl sehr vieles geschaut hatten, nicht der gleiche Ausdruck wie in Dürers *Melancholie*? Das viel zu wenig beachtete, hochbedeutende Bildnis gibt der Kunst Dürers am Ende seines Lebens noch einmal eine ganz neue Dimension.

LETZTE JAHRE

In den letzten Lebensjahren scheint Dürer an schwerer Krankheit gelitten zu haben. Zwar berichtet er schon in einem Brief vom 28. August 1507 an Jakob Heller: *Aber wisset, daß ich jetzt hero lang beschweret bin mit dem Fieber* ... Erst auf der abenteuerlichen Fahrt nach Seeland, die er während der niederländischen Reise unternahm, also in der unwirtlichsten Jahreszeit, scheint er jedoch schwerer erkrankt zu sein. Unterwegs kaufte er sich eine Kotze gegen das stürmische Wetter.

Später berichtet er, daß ihn auf dieser Fahrt eine *wunderliche*

Selbstbildnis als Schmerzensmann, 1522. Bleigriffel.
Ehemals Bremen, Kunsthalle

Krankheit angefallen habe, *von der ich nie von keinem Mann gehört und diese Krankheit hab ich noch.* Kurz nach Ostern, im April 1521, litt er wieder unter einem heißen Fieber *mit großer Schwäche, Unlust und Hauptweh.* In seinen Aufzeichnungen erscheinen nun auch immer wieder Ausgaben für den Arzt und Apotheker. Man vermutete bisher, daß sich Dürer an den Mündungen von Waal und Schelde mit einem Wechselfieber den Todeskeim holte.[55] Jedenfalls scheint er seit der Reise nie mehr ganz gesund gewesen zu sein, denn schon am 4. September 1523 spricht er in einem Brief an den Kardinal Albrecht von Brandenburg erneut von Krankheit.

Aufschlußreich in diesem Zusammenhang ist eine kleine, kolorierte Federzeichnung Dürers in Bremen [W. 482], auf der er sich selbst nackt darstellt und mit dem Finger auf eine angezeichnete Stelle in der Milzgegend hinweist. Darüber schrieb er: *Do der gelb fleck ist vnd mit dem finger drawff dewt* (deute) *do ist mir we* (weh). Offenbar hat er das Blättchen einem auswärtigen Arzt geschickt. Die Zeichnung, die schwer zu datieren ist, wurde meistens mit der Krankheit der niederländischen Reise in Zusammenhang gebracht, um so mehr, als das vermutete Wechselfieber eine schmerzhafte Schwellung der Milz bewirkt. Die Form der Schrift scheint aber aus einer wesentlich früheren Zeit zu stammen, so daß sich die Zeichnung vielleicht auf die Krankheit bezieht, von der in dem Brief an Heller die Rede ist.[56]

Auf dem wohl wirklichkeitsgetreuesten Selbstbildnis Dürers – einer weißgehöhten Feder- und Pinselzeichnung, die sich in Weimar befindet [W. 267] – stellt er sich selbst ohne jede Pose in völliger Nacktheit dar. Dürer hat diese Zeichnung sicherlich nie aus der Hand gegeben, und gerade deswegen ist sie besonders aufschlußreich. Die etwas verkrümmte, nach vorn gebeugte Haltung rührt daher, daß er einen zu kleinen Spiegel benützte. Während er den Kopf mit kräftigen Strichen rasch zum Abschluß bringt, hat er den Körper mit beispielloser Hingabe in allen Einzelheiten notiert. Ein überaus dichtes Gespinst von Feder- und Pinselstrichen folgt jeder Hebung und Senkung. Besonders in der Art, wie er mit größter Einläßlichkeit sein Geschlechtsteil herausmodelliert, spürt man das ungeteilte Interesse an der Wirklichkeit, das auch in dem angespannten Blick zum Ausdruck kommt.[57]

Vom Aussehen Dürers nach der niederländischen Reise gibt die realistische Zeichnung eines *Schmerzensmannes* von 1522, die sich ehemals in Bremen befand [W. 886], unmittelbaren Aufschluß. Das Blatt zeigt einen Halbakt, der mit eingesunkener Brust dasitzt. Der Kopf trägt die wirklichkeitsgetreuen Züge Dürers. Nur Rutenbündel und Geißel erinnern an das religiöse Thema. Die bedeutende Zeichnung diente als Vorlage für ein Gemälde, von dem nur Nachbildungen erhalten sind und auf dem Christus die Dornenkrone trägt. Wenn nicht alles trügt, ist das hagere, schmerzlich-versonnene Antlitz mit dem halbgeöffneten Mund von Krankheit gezeichnet. Demü-

Selbstbildnis als Akt. Feder und Pinsel. Weimar, Schloßmuseum

tig, wie der gemarterte Heiland, scheint Dürer das Leiden auf sich nehmen zu wollen.

In diesen Jahren nach der niederländischen Reise macht sich besonders in einigen seiner Zeichnungen eine deutliche Erschlaffung der schöpferischen Kraft bemerkbar, die bis zur Formauflösung geht. Kennzeichnende Beispiele sind dafür die *Lesende Maria* von 1521 (Wien [W. 885]), der *Stehende Apostel* (um 1523; Paris [W. 887]) oder besonders die *Maria auf der Mondsichel* von 1526 (Bayonne [W. 895]). Da dicht daneben Werke von höchster Genialität stehen, läßt dieses zeitweise Nachlassen der inneren Spannung vielleicht ebenfalls auf eine Erkrankung schließen.

Albrecht Dürer starb in der Karwoche des Jahres 1528, am 6. April, unerwartet im Alter von 57 Jahren. Alle Berichte sprechen von einem jähen Tod. Er wurde mitten in der Arbeit überrascht, denn er hatte gerade noch das erste Buch seiner Proportionslehre zur Verbesserung durchgesehen. Ehe er aber an die anderen Teile kam, «hat jne die schnelheyt des todes vbereylt».

In der Elegie auf den Heimgang Dürers klagt Pirckheimer darüber, daß es ihm nicht mehr vergönnt gewesen sei, das teure Haupt zu berühren, die Hand zu fassen, um dem Scheidenden ein letztes Lebewohl zu sagen, «denn kaum hattest Du die müden Glieder dem Lager vertraut, als auch schon der Tod eilends Dich dahinraffte».

Der Leichnam Dürers wurde in der Gruft seines Schwiegervaters Frey unter einer schlichten Bronzeplatte beigesetzt, die die einfache, von Pirckheimer verfaßte Inschrift trägt: «ME.AL.DU / QUICQUID ALBERTI DURERI MORTALE FUIT / SUB HOC CONDITUR TUMULO. / EMIGRAVIT VIII IDUS APRILIS / MDXXVIII»[58] [Zum Gedächtnis Albrecht Dürers. Was an ihm sterblich war, ist unter diesem Hügel begraben. Er verließ die Welt am VIII. Idus des April 1528.]

Am Tage darauf wurde von einigen Künstlern das Grab nochmals geöffnet, um das Antlitz Dürers abzuformen. Ein großer Holzschnitt mit dem Porträt Dürers von Erhard Schoen ist vielleicht nach dieser Totenmaske gearbeitet.

Da das Geschlecht der Frey mit der Frau Dürers und deren Schwester Katharina, die ebenfalls keine Kinder hatte, erlosch, wurde das Grab dem Johannes-Spital wieder zur Nutzung übergeben und «ausgeräumt». Anschließend wurden darin sechs Pfründner des Spitals begraben.

Joachim von Sandrart erwarb im Jahre 1681 das Grab und versah es mit einer Inschrift zum Ruhme Dürers. Er vermachte es später der von ihm gegründeten Akademie, die darin fremde Künstler bestatten ließ, welche sich keine eigene Grabstätte leisten konnten. 1811 wurde das Grab wieder geöffnet und dabei unter mehreren anderen auch der angebliche Schädel Dürers geborgen.

ANMERKUNGEN

1 Der gesamte schriftliche Nachlaß Dürers ist mit sorgfältigen Erläuterungen vorbildlich veröffentlicht in:
Hans Rupprich: «Dürer. Schriftlicher Nachlaß». 3 Bde. Berlin 1956–1969. Diesem Werk sind alle hier angeführten schriftlichen Äußerungen Dürers entnommen.

2 Bei den «Franzosen» oder der «Franzosenkrankheit» handelt es sich um die Syphilis, die, aus dem neuentdeckten Amerika eingeschleppt, zuerst massenhaft im französischen Heer vor Neapel auftrat und sich rasch ausbreitete. Die Wirkung der Krankheit war verheerend.

3 Das Bild war keine Auftragsarbeit, da Dürer es nie fertigmalte. In diesem unvollendeten Zustand hat er es auch sicherlich nie weggegeben, weil es offenbar einen besonderen Erinnerungswert für ihn hatte.

4 Dürers Gesuch wurde am 17. Oktober 1524 genehmigt. Der Zins wurde 1534 für die Witwe auf 40 Gulden herabgesetzt. Nach deren Testament sollten diese Zinsen ihrer Schwester bis zu deren Ableben zufallen. Anschließend sei der Betrag in ein Stipendium für spätberufene evangelische Theologen zu verwandeln.

5 Besonders auf Dürers Münchner Selbstbildnis kann man einen Augenschnitt bemerken, der wie eine «Mongolenfalte» ausschauen soll. Auch diesen Umstand wollte man mit seiner magyarischen Abkunft in Zusammenhang bringen, doch haben selbstverständlich die Magyaren mit den Mongolen nicht das geringste zu tun. (Siehe Ferdinand Wagenseil: «Eine Faltenbildung am Augenlide Albrecht Dürers». In: «Zeitschrift für Kunstwissenschaft» XVI/1962, S. 171.)

6 Um die magyarische Abstammung Dürers zu bekräftigen, ist von ungarischer Seite angeführt worden, die Bevölkerung in der Gegend von Eytas sei rein ungarisch und man wisse nichts darüber, daß im Bezirk von Békés ehemals deutsche Siedler hausten.

7 Heinz Stafsky: «Die Bildwerke im Hochaltar der Zwickauer Marienkirche». In: «Zeitschrift des Deutschen Vereins für Kunstwissenschaft», 1968, S. 149.

8 Den endgültigen Nachweis der schon von Daniel Burckhardt, Max Friedländer und Gustav Pauli vertretenen Zuschreibung an Dürer lieferte Edmund Schilling in seiner Arbeit über «Dürers graphische Anfänge, die Herleitung und Entwicklung ihrer Ausdrucksformen». Die wichtige Abhandlung ist wenig bekannt geworden, da sie nur im Manuskript vorhanden ist (Berlin und Basel; s. Friedrich Winkler: «Dürer und die Illustrationen zum Narrenschiff». Berlin 1959).

9 Franz Winzinger: «Studien zur Kunst Albrecht Dürers. I. Schongauer und Dürer». In: «Jahrbuch der Berliner Museen» X/1968, S. 151.

10 Franz Winzinger: «Die Zeichnungen Martin Schongauers. Gesamtausgabe». Berlin 1962.

11 Das Bild war ursprünglich auf Pergament gemalt; es wurde 1840 auf Leinwand übertragen und gefirnißt. Unter dieser Behandlung hat es gelitten, ist aber in einem besseren Zustand, als allgemein angenommen wird.

12 Es ist offenbar bisher stets übersehen worden, daß durch den dunklen Hintergrund das große Namenszeichen Dürers durchschimmert.

13 Friedrich Winkler: «Albrecht Dürer». Berlin 1957. S. 190.

14 Das Bild, das aus der Camer-Galeria des bayerischen Kurfürsten Max I. stammte, wurde 1852 zusammen mit anderen unersetzlichen Bildern aus den Depots der Galerien auf einer Auktion in München verschleudert. Unter den 971 Gemälden, die ganze 8672 Gulden erbrachten, be-

fanden sich Werke von Grünewald, Altdorfer, Cranach, Strigel, Pollack, Reichlich. Über russischen Privatbesitz in Odessa und die New Yorker Sammlung Altmann gelangte die kostbare Tafel Dürers in das Metropolitan Museum.

15 Hans Eugen Pappenheim: «Dürer im Etschland». In: «Zeitschrift des Deutschen Vereins für Kunstwissenschaft» III/1936, S. 35.

16 An der genau bestimmten Stelle, von der aus Dürer zeichnete, steht seit 1912 ein Denkmal.

17 Dürers zwanzig frei nach italienischen Stichen gezeichnete «Tarocchi» [W. 122–141] geben eine gewisse Vorstellung, wie diese Wandbilder ausgesehen haben mögen. Ich halte es für möglich, daß die Kopie nach einer Dürer-Zeichnung des «Geigenden Apollo» im Britischen Museum [W. II, Anhang XX] einen Entwurf zu diesen Wandbildern nachbildet. Die Jahreszahl 1507 gibt wohl erst den Zeitpunkt der Entstehung der Kopie an. Jedenfalls paßt die Arbeit viel besser in die Zeit unmittelbar nach der italienischen Reise. Dürer gibt sich hier ganz italienisch. Irgendwie ist in dieser fast rokokohaft leichten Zeichnung ein reiner Extrakt seiner venezianischen Erfahrungen niedergelegt.

18 Franz Winzinger: «Albrecht Dürers Münchner Selbstbildnis». In: «Zeitschrift für Kunstwissenschaft», 1954, S. 43.

19 Eduard Flechsig: «Albrecht Dürer». Berlin 1928–1931. Bd. II, S. 168.

20 Die genaue Vermessung wurde von mir an der ausgerahmten Bildtafel im August 1951 vorgenommen. Eine unabhängig davon vorgenommene Rechnung bestätigt dieses Ergebnis. Das Bild ist 662 mm hoch und 478 mm breit. Teilt man diese Höhe nach dem goldenen Schnitt, so errechnet sich für den oberen Abschnitt eine Strecke von 409,1 mm. Dieser Abschnitt ist zugleich die Höhe des gleichseitigen Dreiecks, dessen Seiten sich danach mit 472,4 mm errechnen. Die Bildbreite, die zugleich eine dieser Dreieckseiten darstellt, mißt 478 mm, so daß die Basis des gleichseitigen Dreiecks auf jeder Seite nicht einmal 3 mm zu breit ist.

21 Im Anschluß an die chinesische Philosophie wird in der japanischen Zen-Malerei, zum Beispiel in einem berühmten Bild des Priestermalers Gibon Sengai (1750–1837), das Universum ebenfalls durch Kreis, Dreieck und Quadrat dargestellt. Der Kreis bedeutet dabei das Unendliche und den Anfang aller Dinge. Aber dieses Unendliche ist formlos. Der menschliche Geist verlangt nach greifbarer Gestalt, deshalb das Dreieck, das der Anfang aller Form ist. Das Quadrat entsteht aus der Zusammenfügung zweier Dreiecke, und dieser Vorgang der Verdoppelung geht unendlich weiter. Dadurch entsteht die Fülle aller Dinge, das Universum.

22 Franz Winzinger: «Dürer und Leonardo». In: «Pantheon» I (1971).

23 Die Zusammengehörigkeit der heute zerstreuten Teile wurde von Hans Kauffmann erkannt. Dürer malte den Altar für seinen großen Gönner Friedrich III. den Weisen von Sachsen. 1603 schenkte der sächsische Kurfürst Christian II. die Mitteltafel dem leidenschaftlichen Dürer-Sammler Kaiser Rudolf II. 1792 gelangte diese im Tausch gegen ein Bild des Fra Bartolommeo in die Florentiner Galerie.

24 Joseph Meder: «Die grüne Passion». München 1923.

25 Bisher wurde allgemein angenommen, daß es sich dabei um den Mathematiker und Kunsttheoretiker Luca Pacioli handelt. Neuere Untersuchungen ergaben, daß dieser damals nicht in Bologna war.

26 Franz Winzinger: «Albrecht Dürer in Rom». In: «Pantheon» 1966, S. 283.

27 Auf Dürers Eisenradierung mit dem sogenannten «Verzweifelnden» erscheint eine männliche Halbfigur, deren Gesicht eine auffallende Ähnlichkeit mit Michelangelo zeigt.

28 Die Malweise, bei der Dürer weitgehend auf den sonst bei ihm üblichen schichtenweisen Aufbau der Untermalung verzichtet, und der wenig geglückte, unräumliche Bildaufbau des Werkes bestätigen die Angabe Dürers, die wie eine Entschuldigung klingt. Dürer hat es wohl unter Zeitnot geschaffen. Die Bildtafel hat sich, soweit man das zurückverfolgen kann, stets in Rom befunden. Manche der Köpfe erinnern an Karikaturen Leonardos. Daß auch die Bildanordnung im Leonardo-Kreis bekannt war, zeigt ein Bild Bernardino Luinis in der National Gallery in London (Kat. S. 133, 18). Die Pinselvorzeichnungen Dürers entstanden bereits in Venedig, denn eine davon befand sich auf dem gleichen Papierbogen mit einer Vorzeichnung zum *Rosenkranzfest.*

29 In Inventaren von 1635 wird es bereits als beschädigt bezeichnet. Bei der Eroberung Prags durch die Schweden 1648 scheint das Bild nochmals gelitten zu haben. Als die Farben abzufallen begannen, wurde es ab 1839 von dem Maler Jan Gruß restauriert; fehlende Teile wurden neu gemalt. Insgesamt fehlt ungefähr ein Drittel der Malerei Dürers.

30 Ähnlich wie beim Münchner Selbstbildnis benutzt auch hier Dürer einen streng symmetrischen Bildaufbau. Als beherrschende Figur erscheint ein gleichschenkeliges Dreieck, dessen Basis die untere Bildseite bildet und dessen Spitze mit dem Kreuzchen der schwebenden Krone über der Maria zusammenfällt. Die zwei Senkrechten des Baldachins und die obere Begrenzung der Köpfe der Knienden geben weitere Ordnungslinien. Dieses Gerüst bändigt die Fülle und gibt vor allen Dingen den Hauptgestalten Größe und Würde.

31 Abbildung 84 bei Ludwig Grote: «Hier bin ich ein Herr». München 1956.

32 Die Tafeln Grünewalds befinden sich heute im Stadel in Frankfurt und in Donaueschingen.

33 Fedja Anzelewsky meint auch (brieflich), daß das Fresko des Filippino Lippi in Santa Maria sopra Minerva in Rom für Dürers Komposition eine Rolle spielte.

34 Es ist ein wahres Unglück, daß heute das Bild (in Wien) und der Originalrahmen (in Nürnberg) getrennt sind. Freilich gibt die gute Kopie des Rahmens in Wien eine gewisse Vorstellung des Ganzen, doch sollte man jede Anstrengung unternehmen, daß Bild und Rahmen etwa durch gegenseitige Leihgaben wieder vereinigt werden.

35 Bereits vor diesen großen Tafeln schuf Dürer Brustbilder der zwei Kaiser. Daß sie den Nürnberger Heiltumsbildern zeitlich vorausgehen erweist der Umstand, daß auf der Tafel Karls des Großen ursprünglich Kaiser Karl IV. gemeint war, wie die Röntgenaufnahme der darunterliegenden Aufschrift beweist. Die beiden Tafeln wurden zeitweise, meist ohne Kenntnis der Originale, fälschlich für Teilnachbildungen der Nürnberger Bilder gehalten. Die unter der Malschicht bei Infrarotaufnahmen sichtbar gewordenen ausführlichen Bleigriffelvorzeichnungen von der Hand Dürers beweisen eindeutig die Eigenhändigkeit (siehe Alfred Stange: Zwei neuentdeckte Kaiserbilder Albrecht Dürers. In: Zeitschrift für Kunstgeschichte, 1975, und H. Th. Musper: Dürers Kaiserbildnisse. Köln 1969). Der Verfasser hat die beiden Bildtafeln 1977 sorgfältig untersucht und so viele neue Beweise für die Eigenhändigkeit Dürers erbracht, daß seither keine Zweifel mehr laut geworden sind (Franz Winzinger, Umstrittene Werke Albrecht Dürers: Die Kaiserbrustbilder. In: Zeitschrift des Deutschen Vereins f. Kunstwissenschaft, Berlin 1977).

36 Nietzsche, der den Stich immer mit sich führte, hat sich offenbar mit dem Ritter identifiziert, wenn er ihn wohl zu Unrecht als «unbeirrt und doch hoffnungslos» kennzeichnete.

37 Dürer kannte die Schriften des Marsilio Ficino, die bereits 1505 in deutscher Übersetzung erschienen. Dürer stützt sich vor allen Dingen in seinen Vorschriften für die Heranbildung der Malerknaben auf die Gesundheitslehre des Florentiners. Wahrscheinlich kannte Dürer auch den Inhalt der Schriften des Agrippa von Nettesheim, der wie Ficino zwei Arten des «Humor melancolicus» unterscheidet: Eine «naturalis» oder «candida bilis», die eine hervorragende Geistestätigkeit bewirkt; ferner eine «atra bilis», die «mania» hervorruft (s. dazu Rupprich II, S. 93; ferner: Reinhard F. Timken-Zinkann: «Black Bile». In: «Medical History» vol. XII, Juli 1968, S. 288).

38 Da die Malerei als Kunst eine dem melancholischen Geist zugehörige Domäne ist, soll der Malerknabe von Natur aus melancholischen Temperaments sein. In seiner künstlerischen Arbeit soll er sich aber nicht überanstrengen, damit deren böse Natur nicht überhandnehme (s. dazu Rupprich II, S. 93, Anm. 7).

39 Zur maximilianischen Kunstförderung s. Franz Winzinger: «Albrecht Altdorfer. Graphik. Gesamtausgabe». München 1963. S. 22.

40 Es ist bekannt, daß die *Ehrenpforte* in zwei Miniaturausfertigungen, die heute verschollen sind, ausgeführt wurde. Auch von dem «Triumphzug» wurde eine Folge von Pergamentminiaturen gemalt, von denen sich die Hälfte in der Albertina in Wien erhalten hat (Albertina-Katalog 228–286). Diese Wiener Miniaturen wurden in der Werkstatt Altdorfers in Regensburg ausgeführt, wobei etwa ein Drittel von der Hand Altdorfers stammen (s. dazu Franz Winzinger: «Albrecht Altdorfer und die Miniaturen zum Triumphzug Kaiser Maximilians I.». In: «Jahrbuch der Kunsthistorischen Sammlungen in Wien», Bd. 62, 1966, S. 157; Franz Winzinger: «Die Miniaturen zum Triumphzug Kaiser Maximilians I.». Albertina-Publikation, Faksimile-Ausgabe, Wien–Graz 1971 [im Druck]).

41 Zur Geschichte und Entstehung des «Gebetbuches Kaiser Maximilians» s. Franz Winzinger: «Albrecht Altdorfer. Zeichnungen». München 1952. S. 35.

42 Nach Ansicht von Meder ist die «Kolorierung in den Fleischteilen von späterer Hand ... Man habe zu einer anderen Zeit sie teilweise auszuwaschen versucht, wobei die Farben selbst über Haare und Brust ausflossen». Diese Angaben, denen bisher die ganze Dürer-Forschung folgte, sind unzutreffend. Die angebliche Kolorierung ist trocken mit einem Rötelstift eingerieben, und zwar vor Beginn der Zeichnung in der ungefähren Größe des späteren Gesichtes. Für Dürer war das Blatt eine reine Werkzeichnung. Da er kein grundiertes Papier zur Verfügung hatte, rieb er das Blatt behelfsmäßig mit Rötel ein, um eine Weißhöhung anbringen zu können. Diese ist nicht von späterer Hand, sondern stimmt völlig mit der Lichthöhung auf dem Gesicht der Wiener Bildtafel Maximilians überein. Die Zeichnung wurde später einmal fixiert, und dabei wurde der Rötelstaub in die Papierfalte eingewaschen.

43 Der Kardinal erhielt 200 Abzüge und die Kupferplatte, wofür er Dürer wahrhaft fürstlich mit 200 Goldgulden und 20 Ellen Seidendamast entlohnte.

44 Dürer trägt auf diesem Bildnis das bis auf die Schultern herabfallende Haupthaar und einen Schnurrbart, wie auf dem Münchner Selbstbildnis. Die Stichkopie wurde von E. de Boulonois nach 1629 ausgeführt.

45 «Albrecht Dürer. Skizzenbuch der Reise nach den Niederlanden» (1520/21). Hg. von Edmund Schilling. Basel 1958 [W. 761–787].

46 Das Bildnis einer Frau mit weißer Haube in Toledo (USA), das angeblich die Frau Planckfeld darstellen soll, ist keine Arbeit Dürers.

47 Eines der allerschönsten großen Kohlebildnisse einer jungen Frau mit Haube, das Frits Lugt dem Institut Neerlandais in Paris spendete, durfte bisher nicht veröffentlicht werden.

48 Siehe Anm. 44.

49 In dem eigenhändig geschriebenen Verzeichnis seiner Bücher führt Dürer bereits 1520 und 1521 sechzehn verschiedene Schriften Luthers auf.

50 In einem Brief an Tschertte vom November 1530 führt Pirckheimer aus, «das ich anfänglich auch gut lutherisch gewest pin, wie auch vnser Albrecht [Dürer] seliger, dann wir hoften, die Römisch puberei, deß gleich der münch vnd pfaffen schalk heyt solt gepessert werden». Nun seien aber die «ewangelischen puben» noch schlimmer als die anderen. (S. Rupprich I, S. 285, 115.)

51 Dürer erhielt von der Stadt als Gegengabe 100, seine Frau Agnes 12 und der Malknecht 2 Gulden als Geschenk. – Der Wunsch des leidenschaftlichen Dürer-Sammlers, Kaiser Rudolf II., die Tafeln zu erwerben, wurde von der Stadt Nürnberg abgeschlagen. 1627 mußten sie unter massivem Druck dem bayerischen Kurfürsten ausgeliefert werden. Dieser ließ die Inschriften abtrennen und übersandte sie zusammen mit Kopien der *Vier Apostel* nach Nürnberg zurück, da man annahm, daß sich die Inschriften gegen das Papsttum und die katholische Partei in Nürnberg wendeten. 1922 wurden die alten Inschriften wieder mit den Bildtafeln in den alten Originalrahmen vereinigt, so daß die ursprüngliche Einheit wiederhergestellt ist.

52 Winzinger, «Die Zeichnungen Martin Schongauers», a. a. O., Nr. 44.

53 Siehe dazu Franz Winzinger: »Studien zur Kunst Albrecht Dürers». In: «Jahrbuch der Berliner Museen». Berlin 1968, S. 152, Abb. 1, 2.

54 Die Wiener Werkzeichnung vermittelt uns einen einzigartigen Einblick in die Arbeitsweise Dürers. Er hatte zunächst eine einläßliche Kreidestudie gezeichnet, die, ganz unerwartet erst vor wenigen Jahren aus polnischem Privatbesitz kommend, in Paris auftauchte und später in das Kunstmuseum Basel gelangte (s. dazu Franz Winzinger: «Zeichnungen altdeutscher Meister aus dem Besitz der Ciba AG Basel». Erlangen 1956. S. 23. – Die Zeichnung ist abgebildet in: Winkler, «Albrecht Dürer», a. a. O., Abb. 170). Nach dieser Zeichnung wurde mit Hilfe eines durch Öl durchsichtig gemachten Papiers mit der Feder eine Pause angefertigt, wobei die Tinte auf dem fetten Papier perlte. Diese stark vereinfachte Zeichnung, die bereits auf die Holzschnittform ausgerichtet ist, sollte dann auf den geweißten Holzstock gepaust werden. Warum dieser Holzschnitt nicht ausgeführt wurde, ist nicht bekannt. Dürer fertigte 1521 für den stolzen Kirchenfürsten auch noch einen höchst aufwendigen, ganz barock anmutenden Thronentwurf [W. 920].

55 Da das Wechselfieber durch Stechmücken übertragen wird, ist eine solche Infektion im Dezember wohl kaum möglich.

56 Hans Rupprich schrieb mir dazu: «Die Schrift ist mit Rücksicht auf den geringen Umfang nur bedingt datierbar. Vergleiche mit gesichert datierten anderen Niederschriften lassen die Entstehung der Zeichnung nicht nur um 1510, sondern auch schon 1507/08 als möglich erscheinen.»

57 Die Datierung ist schwierig, und für die Entstehung der Zeichnung sind alle möglichen Zeitpunkte zwischen 1500 und 1512 vorgeschlagen worden. Die Hagerkeit des Gesichtes und die dünne, schlaffe Haut, die unter dem Brustkorb eine Hautfalte bildet, deuten aber eher darauf hin, daß Dürer etwa als Fünfzigjähriger dargestellt ist. Auch das Geschlechtsteil

ist nach Auskunft eines erfahrenen Urologen das eines älteren Mannes. Wegen des abgemagerten Gesichtes hat man auf eine Krankheit Dürers schließen wollen, und aus der Form des Geschlechtsorgans sogar auf eine Syphilis. Nach ärztlicher Auskunft ist dessen Form aber völlig normal und zeigt keinerlei Merkmale, die auf eine solche Erkrankung hinweisen könnten. Der herabhängende Hodensack läßt vielmehr darauf schließen, daß die Zeichnung in einem überhitzten Raum, wahrscheinlich in einer Badestube, gefertigt wurde, worauf auch die Netzhaube schließen läßt, die Dürers langes Haupthaar zusammenhält.

58 Zum Gedächtnis an Albrecht Dürer – Was an Albrecht Dürer sterblich gewesen, ist unter diesem Hügel begraben. Er verließ die Welt am VIII. Idus des April.

ZEITTAFEL

1471 Albrecht Dürer kommt am 21. Mai als Sohn des Goldschmieds Albrecht Dürer des Älteren und der Barbara Holper in Nürnberg zur Welt

1484 Erste erhaltene Arbeit: gezeichnetes Selbstbildnis in Wien

1485 Beginn der Ausbildung als Goldschmied in der Werkstatt des Vaters

1486 30. November: Eintritt in die Malerwerkstatt des Michael Wolgemut in Nürnberg

1489 Anfang Dezember: Abschluß der Malerlehre bei Wolgemut

1490 Zwischen Januar und März: Bildnis des Vaters (Florenz)
11. April (kurz nach Ostern): Beginn der Wanderschaft

1491–1492 Tätigkeit Dürers als Holzschnittzeichner in Basel

1492 Besuch bei den Brüdern Schongauers in Colmar

1494 Im Frühjahr Geselle in Straßburg
18. Mai (kurz nach Pfingsten): Rückkehr nach Nürnberg
7. Juli: Vermählung mit Agnes Frey, der Tochter des Hans Frey und der Anna Rummel
Im Herbst Pest in Nürnberg. Aufbruch zur ersten Reise nach Italien

1495 Ab Januar Aufenthalt in Venedig, im Spätfrühjahr Rückreise über Trient, Gardasee und den Brennerpaß nach Nürnberg

Um 1495 Beginn der Tätigkeit als Kupferstecher

1498 Fertigstellung der *Apokalypse*, einiger Einzelblätter zur *Großen Passion* und anderer großer Holzschnitte

1500 Jacopo de' Barbari erscheint am 20. April in Nürnberg. Dürer erfährt von ihm, daß man den Menschen «aus der Maß» machen könne

1502 20. September: Tod des Vaters. Dürer nimmt seine Mutter und seinen Bruder Hans in seinen Haushalt auf

1503–1504 Holzschnitte zum *Marienleben*, das aber erst 1510 durch drei Blätter abgeschlossen wird

1504 Stich von *Adam und Eva* als konstruierte Idealfiguren. *Dreikönigs-Altar* (Florenz)

1504–1505 *Grüne Passion*

1505 Im Spätsommer Beginn der Reise nach Venedig, vermutlich veranlaßt durch den Ausbruch der Pest

1506 Im Juli Vollendung des *Rosenkranzfestes* in Venedig. Im Herbst Reise nach Bologna und Rom, wo er das Bild *Jesus unter den Schriftgelehrten* in fünf Tagen malt

1507 Im zeitigen Frühjahr Rückreise nach Nürnberg. Dürer löscht eine Hypothek auf dem Haus seines Vaters

1508 Gegen Ende März Vollendung der *Marter der Zehntausend* für den Kurfürsten Friedrich III. den Weisen von Sachsen

1508–August 1509: Arbeit an dem Altar für den Frankfurter Kaufmann Jakob Heller

1509 14. Mai: Kauf des Dürer-Hauses am Tiergärtner-Tor
August: Abschluß des *Heller-Altares*, zu dem Grünewald die Standflügel malt

1509–1510 Die *Kleine Holzschnittpassion*

1510 Vorzeichnungen für die Reliefs der Fugger-Kapelle in Augsburg. Beginn der Arbeiten an den Kaiserbildern für die Heiltumskammer in Nürnberg

1511 Endgültige Ausgabe der Holzschnittbücher *Apokalypse* (2. Ausgabe), *Große* und *Kleine Holzschnittpassion* und *Marienleben*. Arbeit am *Allerheiligenbild*

1512 3.–15. Februar: Kaiser Maximilian I. hält sich in Nürnberg auf und tritt zu Dürer in Beziehung. In den folgenden drei Jahren ist Dürer vor allem auch für den Kaiser tätig (*Randzeichnungen zum Gebetbuch Kaiser Maximilians, Ehrenpforte*)

1513–1514 Meisterstiche *Ritter, Tod und Teufel* (1513), *Hieronymus im Gehäus* und *Melancholie* (1514)

1514 16. Mai: Dürers Mutter stirbt

1515 Am 6. September bewilligt Kaiser Maximilian I. ein jährliches Gehalt von 100 Gulden für geleistete Arbeit

1518 Aufenthalt auf dem Reichstag in Augsburg, wo Dürer den Kaiser zeichnet

1519 Dürer begleitet Pirckheimer und Martin Tucher in die Schweiz
Am 12. Januar stirbt Kaiser Maximilian I. überraschend in Wels

1520 Am 12. Juli begibt sich Dürer mit seiner Frau und einer Magd auf die Reise in die Niederlande, um sich von dem neuen Kaiser sein Jahresgehalt bestätigen zu lassen. Die Reise geht den Main und Rhein abwärts bis Köln und von dort über Land nach Antwerpen. Der dortige Aufenthalt wird durch Reisen nach Holland und zur Kaiserkrönung Karls V. in Aachen im Oktober unterbrochen

1521 Besuch der großen flandrischen Städte. Empfang bei Margarete, der Statthalterin der Niederlande. Rückreise über Köln
Ende Juli: Ankunft in Nürnberg

1522–1523 Reichstag in Nürnberg

1522 Dürer erhält von der Stadt Nürnberg ein Honorar von 100 Gulden für seine Entwürfe der Wandmalereien im großen Saal des Rathauses

1524 Die Stadt Nürnberg nimmt von Dürer ein Darlehen von 1000 Gulden, das seine Witwe 1538 in eine Stiftung für Studenten der Theologie in Wittenberg umwandelt

1525 Dürers Perspektivlehre *Unterweisung der Messung mit dem Zirkel und Richtscheit* erscheint

1526 Dürer stiftet seiner Vaterstadt Nürnberg die *Vier Apostel ... zue seyner gedechtnus*

1527 Druck der *Befestigungslehre*

1528 Am 6. April stirbt Dürer und wird auf dem Johannisfriedhof in Nürnberg begraben. Kurz nach seinem Tode erscheinen seine *Vier Bücher von menschlicher Proportion*

ZEUGNISSE

Joachim Camerarius

Wir bewundern Albrecht mit höchster Berechtigung als den eifrigsten Hüter von Sitte und Zucht und als einen Mann, der durch die Großartigkeit seiner Malereien seine Kraft zeigt, und bei dem auch von den geringeren Arbeiten nichts gering geschätzt werden darf. Man findet in seinen Werken keinen unüberlegt oder verkehrt gezeichneten Strich, keinen überflüssigen Punkt. Und was soll ich erst von der Fertigkeit und Sicherheit seiner Hand sagen? . . .

Ohne Vorzeichnung malte er mit dem Pinsel auch die feinsten Sachen auf die Leinwand oder die Holztafel, und zwar so, daß nichts daran zu tadeln war, sondern alles das höchste Lob fand. Das haben besonders die gefeiertsten Maler bewundert, die als die Sachverständigsten von den Schwierigkeiten wußten. Trotz der Meisterschaft, die Albrecht erreicht hatte, strebte er doch in seinem großen und erhabenen Geist immer noch weiter. Wenn überhaupt etwas an diesem Manne war, das einem Fehler ähnlich schien, so war es sein unbegrenzter Fleiß mit der oftmals bis zur Ungerechtigkeit getriebenen harten Selbstkritik.

Aus der Vorrede zur lateinischen Ausgabe von Dürers Proportionslehre. 1528

Erasmus von Rotterdam

Obwohl Dürer auch in anderer Beziehung zu bewundern ist, doch was drückt er nicht alles im Einfarbigen, das heißt mit schwarzen Strichen aus? Schatten, Licht, Glanz, Vorragendes und Einspringendes, wobei sich aus der Lage eines Dinges für die Augen der Betrachter nicht bloß eine Vorstellung darbietet. Scharf erfaßt er die richtig abgewogenen Verhältnisse und ihr Zusammenstimmen. Was malt er nicht alles, auch was man nicht malen kann, Feuer, Strahlen, Donner, Wetterleuchten, Blitze oder Nebelwände, wie man sagt, die Sinne, alle Gefühle, endlich die ganze Seele des Menschen, die sich aus der Bildung des Körpers offenbart, sogar fast die Stimme selbst. Dies stellt er mit den glücklichsten Strichen und eben diesen schwarzen so vor Augen, daß du dem Werk Unrecht tun würdest, wenn du Farbe auftrügest.

«Dialogus de recta Latini Graecique sermonis pronuntiatione». 1528

Philipp Melanchthon

Ich erinnere mich, daß der Maler Albrecht Dürer, ein an Talent und Tüchtigkeit hervorragender Mann, einmal sagte, er habe in seiner Jugend Gemälde mit lebhaften und bunten Farben geliebt und er habe einem Bewunderer seiner Werke, der auf einem seiner Bilder die Buntheit der Farben betrachtete, große Freude damit bereitet. Später, als alter Mann, habe er angefangen, auf die Natur zu sehen und versucht, deren ursprüngliche Erscheinung zu berücksichtigen; damals habe er begriffen, daß gerade diese Einfachheit die höchste Zierde der Kunst sei.

Aus: Brief an Georg von Anhalt, 17. Dezember 1546

Wilhelm Heinrich Wackenroder

Ist es nicht, als wenn die Figuren in diesen deinen Bildern wirkliche Menschen wären, welche zusammen redeten? Ein jeglicher ist so eigentümlich gestempelt, daß man ihn aus einem großen Haufen herauskennen würde, ein jeglicher so aus der Mitte der Natur genommen, daß er ganz und gar seinen Zweck erfüllt. Keiner ist mit halber Seele da, wie man es öfters bei sehr zierlichen Bildern neuerer Meister sagen möchte; jeder ist im vollen Leben ergriffen, und so auf die Tafel hingestellt. Wer klagen soll, klagt; wer zürnen soll, zürnt; und wer beten soll, betet. Alle Figuren reden, und reden laut und vernehmlich. Kein Arm bewegt sich unnütz oder bloß zum Augenspiel und zur Füllung des Raumes; alle Glieder, alles spricht uns gleichsam mit Macht an, daß wir den Sinn und die Seele des Ganzen recht fest im Gemüte fassen. Wir glauben alles, was der kunstreiche Mann uns darstellt; und es verwischt sich nie aus unserm Gedächtnis . . .

Aus: «Deutschland». 1796

Heinrich Wölfflin

Dürer gehört zu den wenigen ganz großen Sehbegabungen, die mit einemmal ihre Zeit in ein neues Verhältnis zur Welt bringen und in einen neuen Begriff bildnerischer Klarheit aufstellen. Der Ruhm seiner Augen ist sprichwörtlich geworden. Wer von Dürer sonst nichts kennt, weiß, daß er die Dinge mit mikroskopischer Schärfe gesehen hat und das Wunderbare leistete in der Wiedergabe der kleinsten Einzelheiten der Form. Er selbst spricht mit Nachdruck darüber, daß man gar nichts auslassen dürfe und den kleinsten Rünzelchen und Äderchen noch folgen müsse. *Denn es gilt nit, daß man obenhin lauf und überrumpel ein Ding.* Allein diese Sorgfalt im einzelnen, die dem Laien am meisten imponiert, ist noch nicht das, was ihn zum großen Künstler macht. Zur Kunst wird diese Kleinbeobachtung erst, wenn das Detail dem Gesamteindruck unterstellt wird, so daß das Ganze bei allem Reichtum doch einfach aussieht und in die dominierenden Linien gesammelt ist, was den wesentlichen Charakter enthält. Dazu gehört die klare Vorstellung der Sache, die man mitbringen muß, bevor man zu zeichnen anfängt.

In mühevollen langen Studien hat er die Frage untersucht, wie die vollkommene Gestalt des Menschen beschaffen sein müßte. Er hat sie zu verschiedenen Zeiten verschieden beantwortet und ist schließlich daran verzweifelt, das eine Vollkommene finden zu können. Die höchste Schönheit kennt Gott allein, wir müssen uns begnügen, einzelne in sich harmonische Typen zu konstruieren, wobei es dem individuellen Geschmack überlassen bleibt, welche er bevorzugen will.

Aus: «Die Kunst Albrecht Dürers». 1905

FRIEDRICH WINKLER

Dürer hat die Kunst aus der Natur gerissen, unter seiner Hand splittert das Holz, das er für seine Holzschnitte gebraucht, erglänzen die Abzüge seiner Kupferstiche metallisch. Seine gemalten Tafeln sind glatt und undurchdringlich, als ob ein unzerstörbarer Mantel sie decke. Die malerischen Arbeiten, seine Aquarelle, behielt er in seinen Mappen. Sie sind verletzlich, waren spontan entstanden und für besondere Verwendung bestimmt. Das Malwerk sollte nach Äußerungen Dürers ewig dauern, allen Unbilden der Zeit trotzen. Festigkeit ist überall in seinen vollendeten Werken, und noch in seinen heiteren Spielen mit der Feder, etwa im Gebetbuch Maximilians, meint man ein leises Klirren wie von einem fernen Waffenspiel zu vernehmen.

Die unablässige Erneuerung der Form in Gemälde, Stich, Holzschnitt und Zeichnung verleiht seinem Schaffen ihren ungemeinen Reiz. Sein Geist war außerordentlich beweglich, seine Phantasie höchst erfinderisch. Er teilt diese Gaben mit den größten Künstlern, die die Erde getragen hat. Was ihn von den meisten von ihnen unterscheidet, ist die potenzierte Männlichkeit des Schaffens, seine Kunst tritt gleichsam gerüstet auf.

Unser Meister ähnelt darin, daß er seine Technik fortwährend erneuert, vor allem Rembrandt. Am Ende ihres Lebens geschieht es dadurch, daß beide einfach werden. Aber Dürer macht die Menschen hierbei standhaft und unverletzlich, Rembrandt werden sie zu geheimnisvollen Trägern seelischer Regungen, in denen sich das Menschenherz weit öffnet. Rembrandt erlauscht das geheime Fühlen und rückt es ans Licht. Kämpferischer Geist beseelt unseren Künstler bis zuletzt.

Aus: «Albrecht Dürer». 1957

LITERATUR ÜBER DÜRER

Die aufgelistete Literatur über Dürer stellt nur eine Auswahl der Publikationen bis 1988 vor. Eine Gesamt-Bibliographie wurde von MATTHIAS MENDE im Dürer Jubiläumsjahr 1971 (MENDE, M.: Dürer Bibliographie, Wiesbaden 1971) erstellt. Die für die Dürer-Forschung wesentlichen Werke (bis 1975) sind unter verschiedenen Schlagworten bei ERWIN PANOFSKY: Das Leben und die Kunst Albrecht Dürers, München 1977, S. 381–398 aufgeführt.

Albrecht Dürer. 1471 bis 1528. Das gesamte graphische Werk. Druckgraphik. Einl. von WOLFGANG HÜTT. 2 Bde. München 1971

Albrecht Dürer. Kritischer Katalog der Zeichnungen. Bearb. von FEDJA ANZELEWSKY und HANS MIELKE. Staatliche Museen Preußischer Kulturbesitz Berlin 1984

Albrecht Dürer. Kunst im Aufbruch. Vorträge der kunstwissenschaftlichen Tagung zum 500. Geburtstag. Hg. von ERNST ULLMANN. Leipzig 1971

Albrecht Dürers Umwelt. Festschrift zum 500. Geburtstag Albrecht Dürers am 21. Mai 1471. Nürnberg 1971

ANZELEWSKY, FEDJA: Albrecht Dürer. Das malerische Werk. Berlin 1971

ANZELEWSKY, FEDJA: Dürer-Studien. Untersuchungen zu den ikonographischen und geistesgeschichtlichen Grundlagen seiner Werke zwischen den beiden Italienreisen. Berlin 1983

ANZELEWSKY, FEDJA: Dürer. Werk und Wirkung. Stuttgart 1980

BASHIR-HECHT, HERMA: Der Mensch als Pilger. Albrecht Dürer und die Esoterik der Akademien seiner Zeit. Stuttgart 1985

BIALOSTOCKI, JAN: Dürer and His Critics. 1500–1971; Chapters in the History of Ideas; Including a Collection of Texts. Baden-Baden 1986

BIALOSTOCKI, JAN: Myth and Allegory in Dürer's Etchings and Engravings. In: Tribute to Wolfgang Stechow. Hg. WALTER L. STRAUSS. New York 1976. S. 24–34

BÖHME, HARTMUT: Albrecht Dürer. Melencholia I. Im Labyrinth der Deutung. Frankfurt a. M. 1989 (Reihe Kunststück)

CARSTENSEN, JENS: Über das Nachleben antiker Kunst und Kunstliteratur in der Neuzeit, insbesondere bei Albrecht Dürer. Diss. Freiburg i. B. 1982

DODGSON, CHAMPELL: Albrecht Dürer. The Master of Engraving and Etching. London/Boston 1926 (Reprint New York 1967)

FLECHSING, EDUARD: Albrecht Dürer. 2 Bde. Berlin 1928/1931

FRIEDLÄNDER, MAX J.: Albrecht Dürer. Leipzig 1921

FRIEDLÄNDER, MAX J.: Dürer als Kupferstecher und Zeichner für den Holzschnitt. Berlin 1919

GAGE, JOHN: Dürer. Titian and the Critics, in his «A Locus of Colour Theory: the Fortunes of Apelles. In: The Journal of the Warburg and Courtauld Institutes XLIV, 1981, S. 1–26

GIEHLOW, KARL: Dürers Entwürfe für das Triumphrelief Kaiser Maximilians. In: Jahrbuch für Kunsthistorische Sammlungen. Wien Bd. 29 1910

GIEHLOW, KARL: Dürers Stich «Melencholia I» und der maximilianische Humanistenkreis. In: Mitteilungen der Gesellschaft für vervielfältigende Kunst XXVI, 1903, H. 2, S. 29–41; H. 3, S. 6–18; H. 4, S. 57–78

GIEHLOW, KARL: Kaiser Maximilians I Gebetbuch. Wien 1907

GROTE, LUDWIG: Dürer. Biographisch-Kritische Studie. Genf 1965

HEIDRICH, ERNST: Dürer und die Reformation. Leipzig 1909

HERRMANN-FIORE, KRISTINA: Dürers Landschaftsaquarelle. Ihre kunstgeschichtliche Stellung und Eigenart als farbige Landschaftsbilder. Bern/Frankfurt a. M. 1972

Hind, Arthur M.: Albrecht Dürer. His Engravings and Woodcuts. New York 1911
Hoffmann, Konrad: Dürers «Melencholia I». In: Kunst als Bedeutungsträger. Gedenkschrift für Günter Bandmann. Hg. von Werner Busch [u. a.]. Berlin 1978. S. 251–279
Kauffmann, Hans: Albrecht Dürers «Die vier Apostel» (Vortrag gehalten den 18. April 1972 im Kunsthistorischen Institut der Rijksuniversiteit). Utrecht 1973
Klibansky, Raymond, Erwin Panofsky, Fritz Saxl: Saturn und Melancholy. Studies in the History of Natural Philosophy, Religion and Art. London 1964
Knappe, Karl-Adolph: Dürer. Das graphische Werk. Wien / München 1964
Koreny, Fritz: Tier- und Pflanzenstudien von Albrecht Dürer. In: Albrecht Dürer – Über den sichtbaren Beginn der Neuzeit. Hg. von Detlef Hofmann (Loccumer Protokolle XIV). Rehburg-Loccum 1986. S. 7–20
Koschatzky, Walter, und Alice Strobl. Die Dürerzeichnungen der Albertina. Salzburg 1971
Koschatzky, Walter: Albrecht Dürer. Die Landschaftsaquarelle. Örtlichkeit – Datierung – Stilkritik. Wien 1971
Lange, F., und H. Fuhse: Dürers schriftlicher Nachlaß. Halle 1903 (Neudruck: Wiesbaden 1970)
Leber, Hermann: Albrecht Dürers Landschaftsaquarelle. Topographie und Genese. Hildesheim / Zürich / New York 1988
Mende, Matthias: Albrecht Dürer. Zum Leben, zum Holzschnittwerk, chronologisches Verzeichnis der Holzschnitte, Hinweise zum aktuellen Schriftentum, Zeittafel, Konkordanz. München 1976
Mende, Matthias: Dürer Bibliographie (Im Auftrag des Germanischen Nationalmuseums zum Dürer Jubiläumsjahr 1971). Wiesbaden 1971
Mende, Matthias: Dürer-Medaillen. Münzen, Medaillen, Plaketten von Dürer, auf Dürer, nach Dürer. Nürnberg 1983
Meyer, Ursula: Politische Bezüge in Dürers Ritter, Tod und Teufel. In: Kritische Berichte VI, H. 6, 1978, S. 27–41
Mittig, Hans-Ernst: Dürers Bauernsäule. Ein Monument des Widerspruchs. Frankfurt a. M. 1984 (Reihe Kunststück)
Musper, Heinrich Th.: Albrecht Dürer. Köln 1965
Panofsky, Ernst: Dürers Stellung zur Antike. Wien 1922
Panofsky, Erwin, und Fritz Saxl: Dürers «Melencolia I». Eine quellen- und typengeschichtliche Untersuchung. Leipzig 1923
Panofsky, Erwin: Das Leben und die Kunst Albrecht Dürers. München 1977 (The Life and Art of Albrecht Dürer. Princeton 1943)
Panofsky, Erwin: Hercules am Scheideweg und andere antike Bildstoffe in der neueren Kunst (Studien der Bibliothek Warburg, XXIV). Leipzig / Berlin 1930
Pauli, Gustav: Dürer, Italien und die Antike (Vorträge der Bibliothek Warburg) Leipzig 1922
Perrig, Alexander: Albrecht Dürer oder die Heimlichkeit der deutschen Ketzerei. Die Apokalypse und andere Werke von 1495 bis 1513. Weinheim 1987 (Acta Humaniora)
Pfaff, Annette: Studien zu Albrecht Dürers Heller-Altar. Diss. Nürnberg 1971 (Schriftenreihe des Stadtarchivs VII)
Rosasco, Betsy: Albrecht Dürer's «Death of Orpheus». Its Critical Fortunes and a New Interpretation of its Meaning. In: Idea. Jahrbuch der Hamburger Kunsthalle III, S. 19–42
Rupprich, Hans (Hg.): Dürer. Schriftlicher Nachlaß. 3 Bde. Berlin 1956–1969
Rupprich, Hans: Dürer und Pirckheimer. Geschichte einer Freundschaft. In: Albrecht Dürer. Festschrift zum 500. Geburtstag Albrecht Dürers am 21. Mai 1471. Nürnberg 1971. S. 78–100
Schröder, Eberhard: Albrecht Dürer. Kunst und Geometrie. Dürers künstleri-

sches Schaffen aus der Sicht seiner «Underweysung». Basel/Boston/Stuttgart 1980
SCHUSTER, KLAUS-PETER: Das Bild der Bilder – Zur Wirkungsgeschichte von Dürers Melancholiekupferstich. In: Idea. Jahrbuch der Hamburger Kunsthalle I, 1982, S. 72–134
STRAUSS, WALTER L. (Hg.): Albrecht Dürer. Woodcuts and Wood Blocks. New York 1980
STRAUSS, WALTER L. (Hg.): The Intaglio Prints of Albrecht Dürer. New York 1981[3]
STRAUSS, WALTER L.: The Complete Drawings of Albrecht Dürer. 6 Bde. New York 1974
STRAUSS, WALTER L.: Albrecht Dürer. The Human Figure. The Complete «Dresden Scetchbook». New York 1972
STRIEDER, PETER: Antike Vorbilder für Dürers Stich «Das Meerwunder». In: Anzeiger des Germanischen Nationalmuseum. 1971/72, S. 42–47
STRIEDER, PETER: Dürer. Königstein i. T. 1981
THAUSING, MORITZ: Dürer. Die Geschichte seines Lebens und seiner Kunst. 2 Bde. Leipzig 1876
THEISSING, HEINRICH: Dürers Ritter, Tod und Teufel. Sinnbild und Bildsinn. Berlin 1978
TIETZE, HANS, und ERIKA TIETZE-CONRAD: Kritisches Verzeichnis der Werke Albrecht Dürers. 2 Bde. Augsburg/Basel/Leipzig 1928–1938
ULLMANN, ERNST: Albrecht Dürer und die Wirkung der Graphik. In: Le stampe e la diffusione delle imagini e degli stili (Atti dell XXIV Congresso Internationale di Storia dell'Arte. 1978, VIII). Bologna 1983, S. 7–16
WAETZOLDT, WILHELM: Albrecht Dürer. Leben und Werk. Wien 1935
WARBURG, ABY: Dürer und die italienische Antike (1905). In: ABY WARBURG, Gesammelte Schriften. Leipzig/Berlin 1932. Bd. II, S. 443–449
WARBURG, ABY: Heidnisch-antike Weissagung in Wort und Bild zu Luthers Zeiten (1920). In: ABY WARBURG, Gesammelte Schriften. Leipzig/Berlin 1932. Bd. II, S. 487–558
WEIS, ADOLF: «... diese lächerliche Kürbisfrage ...». Christlicher Humanismus in Dürers Hieronymusbild. In: Zeitschrift für Kunstgeschichte XLV, 1982, S. 72–134
WINKLER, FRIEDRICH: Albrecht Dürer. Leben und Werk. Berlin 1957
WINKLER, FRIEDRICH: Die Zeichnungen Albrecht Dürers. 4 Bde. Berlin 1936–1939
WINKLER, FRIEDRICH: Dürer. Des Meisters Gemälde, Kupferstiche und Holzschnitte. Klassiker der Kunst. Leipzig 1928[4]
WINZINGER, FRITZ: Albrecht Dürers Münchener Selbstbildnis. In: Zeitschrift für Kunstwissenschaft VIII, 1954, S. 43–64
WÖLFFLIN, HEINRICH: Die Kunst Albrecht Dürers. München 1926[5]
WUTTKE, DIETER: Humanismus als integrative Kraft. Die Philosophia des deutschen ‹Erzhumanisten› Conrad Celtis. Eine ikonologische Studie zu programmatischer Graphik Dürers und Burgkmairs. Nürnberg 1985

AUSSTELLUNGSKATALOGE

Verzeichnet wird eine Auswahl von Katalogen, die nach 1971 (Dürer-Jubiläumsjahr) erschienen sind. Die Ausstellungskataloge sind in zeitlicher Reihenfolge aufgeführt.

Albrecht Dürer. 1471/1971. (Germanisches Nationalmuseum Nürnberg) München 1971

Dürer in America. His Graphic Work. (National Gallery of Art) Washington 1971

Dürer-Renaissance. Sonderausstellung. (Alte Pinakothek) München 1971

Albrecht Dürer. Das graphische Werk. (Städelsches Kunstinstitut) Frankfurt a. M. 1971

Albrecht Dürer. Holzschnitte, Kupferstiche, Eisenradierungen aus dem Kupferstichkabinett der Kunstsammlung der Veste Coburg 1971

Albrecht Dürer. 1471–1528. Graphik. (Museum für Kunstgeschichte) Bielefeld 1971

Dürers Gloria. Kunst, Kultur, Konsum. Hg. von Berthold Hinz. (Staatliche Museen Kunstbibliothek) Berlin 1971

Hundert Jahre Albrecht-Dürerhaus-Stiftung Nürnberg 1871–1971. Wirkung und Nachleben Dürers. Neuerwerbungen und Leihgaben der letzten Jahre. Nürnberg 1976

Albrecht Dürer Trintperg. Ausstellung anläßlich der Übergabe des Aquarells an den Kunstverein in Bremen. (Kunsthalle Bremen) 1979

Vorbild Dürer. Kupferstiche und Holzschnitte des Albrecht Dürer im Spiegel der europäischen Druckgraphik des 16. Jahrhunderts. (Germanisches Nationalmuseum Nürnberg). München 1978

Dürers Verwandlung in der Skulptur zwischen Renaissance und Barock (Liebighaus) Frankfurt a. M. 1981

Dürer in Dublin. Kupferstiche und Holzschnitte Albrecht Dürers aus der Chester Beatty Library. Hg. von Matthias Mende. Nürnberg 1983

Albrecht Dürer. Tier- und Pflanzenstudien der Renaissance. (Graphische Sammlung Albertina, Wien) München 1985

Dürer and his German contempories. (Arcadia) Tokio 1988

NAMENREGISTER

Die kursiv gesetzten Zahlen bezeichnen die Abbildungen

QUELLENNACHWEIS DER ABBILDUNGEN

Schloßmuseum Weimar: 6, 140 / Albertina, Wien: 10, 26, 61, 90, 114, 117, 123 / National Gallery, London: 17 / Slg. Winzinger, Regensburg: 20, 74/75 / Universitätsbibliothek Erlangen: 23 / Bibliothèque Nationale, Paris: 25, 39 / Musée Bonnat, Bayonne: 28, 128/129 / Privatsammlung, Paris: 30 / Slg. Blasius, Braunschweig (ehemals): 31 / Louvre, Paris: 32, 34 / Prado, Madrid: 46, 77 / Alte Pinakothek, München: 50, 63, 130/131 / Kupferstichkabinett Dresden: 57 / Uffizien, Florenz: 64, 125 / Kupferstichkabinett Berlin: 65, 69, 107 / British Museum, London: 67 / Nationalgalerie Prag: 70/71 / Städelsches Kunstinstitut, Frankfurt a. M.: 80 / Vatikan: 83 / Kunsthistorisches Museum, Wien: 85, 137 / The Queen's Gallery, Windsor: 103 / Staatsbibliothek München: 112 / Kunsthalle Bremen: 138, 139 (ehemals). Die übrigen Vorlagen stammen aus der Sammlung Winzinger, Regensburg.